Dirk Schindelbeck · Notgeld

für Anne

Dirk Schindelbeck

NOTGELD

Zu schön, es auszugeben

Jonas

Besuchen Sie uns im Internet:
www.asw-verlage.de

Satz und Gestaltung: Monika Aichinger, arts + science weimar GmbH
Lektorat: Maria Erdmann, arts + science weimar GmbH
Druck: Beltz Bad Langensalza GmbH

ISBN 978-3-89445-584-2

Bibliografische Information der Deutschen Nationalbibliothek:
Die Deutsche Nationalbibliothek verzeichnet diese Publikation in der Deutschen Nationalbibliografie; detaillierte bibliografische Daten sind im Internet über http://d-nb.de abrufbar.

Inhalt

Vorwort: Geld und sein Schmuck

Wir nennen Währung, was lange währt und worauf wir uns verlassen zu können glauben. Wir vertrauen dem Geld, wenn es heute und morgen Gelt-ung hat und Kaufkraft beweist. Geld beziffert den Wert unserer Arbeit als „angemessene" Entlohnung ebenso wie den Preis der Güter, die wir zum Leben brauchen. Was aber passiert, wenn diese Verlässlichkeit nicht mehr gegeben ist, wenn immer mehr Geld in den Umlauf kommt, das zugleich immer weniger Kaufkraft besitzt? Und was passiert in diesem Fall mit dem Geld selbst, wie verändert es sich in seinem Auftritt, seinem Design?

Goethe-Porträt als Geltungszeichen: 20-Mark-Schein der Deutschen Demokratischen Republik von 1975 (A-Seite).

Der Bildschmuck des Geldes – einst Herrschafts- und Geltungszeichen – berührt uns heute kaum. In der Praxis dient er ja nur dazu, die Noten unterscheiden zu können. Niemand käme z. B. auf die Idee, Geld, auf dem ein Goethe-Porträt prangt, deswegen gleich „Goethegeld" zu nennen. Schließlich soll es vor allem tauschkräftig sein und kein Zitatgeber. Es gab aber eine Zeit (vor ziemlich genau 100 Jahren), als gerade Letzteres hoch im Kurs stand. Damals setzte in der Gestaltung des Geldes ein Wettrennen der Fantasie ein, das Hunderte von Orten jahrelang in Atem hielt, von Flensburg bis Berchtesgaden, von Monschau in der Eifel bis Insterburg in Ostpreußen. In dieser Zeit gab es tatsächlich „Goethegeld" oder „Reutergeld" (nach dem mecklenburgischen Dichter Fritz Reuter), ja sogar „Bonifatiusgeld", „Drachengeld" oder „Zündnadelgeld".

Aus Goethes Aufenthalt im Gasthaus „Krone" wird 1921 „Goethegeld von Artern": 50-Pf.-Seriennotgeldschein aus Artern (Unstrut) (wiederkehrende A-Seite einer Serie mit sechs unterschiedlichen Motiven auf der B-Seite).

„Reutergeld" mit dem Motiv des Anklamer Tors in Friedland (Mecklenburg): 10-Pf.-Seriennotgeldschein aus Friedland von 1922 (B-Seite, Schein 1 von 3).

Solcherart Geld gab es in Deutschland flächendeckend, zwischen 1920 und 1922. Man hätte damit bezahlen können, freilich nur in einem sehr begrenzten Gebiet und in einem sehr kleinen Zeitfenster. Das allerdings hat kaum jemand getan, es war dazu einfach zu schön oder zu interessant. Dieses Geld nennt man Seriennotgeld. Davon erzählt dieses Buch.

„Drachengeld" aus Geldern am Niederrhein, das die sich um die Geschichte der Stadtgründung rankende „Drachensage" erzählt (wiederkehrende A-Seite der aus acht Scheinen bestehenden Serie).

GELD UND SEIN SCHMUCK

KAPITEL 1 Seriennotgeld – was es ist und was es erzählt

Das kleine Heft, ausgegeben 1924, trat als Album auf. Es enthielt aber nur 28 leere Seiten aus durchsichtigem Pergamentpapier und im hinteren Teil eine tabellarische Übersicht über die inflationäre Entwicklung der Lebensmittelpreise zwischen 1914 und 1924. Auf diesen Blanko-Seiten ließen sie sich einkleben, die bunten, redseligen Geldscheinchen der frühen zwanziger Jahre. Nicht nach einem vorgegebenen Schema mit ausgewiesenen Leerstellen, sondern wie der Album-Besitzer sie gerade zur Hand hatte:

Sammelalbum des Verlags Paul Hohner mit Blanko-Seiten zur Aufnahme von Notgeld und Lebensmittelmarken (1924).

„Deutschland", so der Begleittext vorn, „durch den Ausbruch des großen Krieges vom Welthandel plötzlich gänzlich abgeschlossen, war durch den bald eintretenden Bargeld- und Lebensmittel-Mangel gezwungen **Notgeldscheine und Lebensmittelmarken** zur Behebung der Zahlungsmittelnot und Rationierung der wichtigsten Lebensmittel ausgeben zu lassen.

Überall wurden die Lebensmittel-Ämter geschaffen, und eine Stadt nach der andern griff zu dem Notbehelf der Ausgabe von Notgeld, das bald eine vertraute Erscheinung war und durch seine vielfach künstlerische Ausführung in Bildern, Zeichnungen und Versen usw. von der Geschichte des betreffenden Ortes, von freudigen und traurigen Erlebnissen erzählt ...

Heute aber sind uns die Wahrzeichen in diesem Album Zeugen von unschätzbarem Werte, welche uns von den schweren Tagen des deutschen Volkes in ihrer ganzen Vielgestaltigkeit erzählen. Möge daher diese Sammlung, die der Nachwelt zeigt, dass

Lebensmittelpreise.

Jahr	Brot 1 Pfd.	Mehl 1 Pfd.	Kartoffeln 1 Ztr.	Eier 1 Stück	Butter 1 Pfd.	Milch 1 Liter	Fleisch 1 Pfd.	Zucker 1 Pfd.
Mitte 1914	–.13	–.18	4.–	–.08	1.20	–.22	–.90	–.25
„ 1916	–.19	–.28	7.–	–.24	2.–	–.24	1.85	–.32
„ 1918	–.22	–.30	10.–	25.–	2.40	–.36	2.–	–.34
„ 1919	–.26	–.36	12.–	–.35	4.–	–.50	2.20	–.52
„ 1920	1.20	1.35	24.–	–.75	15.–	1.50	8.50	2.20
„ 1921	1.35	4.–	48.–	1.60	18.–	2.75	13.–	4.–
„ 1922	3.50	10.–	160.–	5.–	70.–	8.50	50.–	10.–
Jan. 1923	700.–	600.–	3000.–	270.–	5400.–	330.–	2000.–	300.–
Mai „	1200.–	1500.–	5000.–	500.–	10000.–	850.–	12000.–	1200.–
Aug. „	100000.–	160000.–	5 Mio.	50000.–	1400000.–	110000.–	800000.–	15000.–
Sept. „	2 Mio.	10 Mio.	60 „	18 Mio.	50 Mio.	8 Mio.	22 Mio.	1,2 Mio.
Okt. „	670 „	2400 „	1500 „	1900 „	5800 „	200 „	1500 „	4000 „
Nov. „	–.50	–.45	6.–	–.25	3.–	–.35	2.40	–.60
Dez. „	–.35	–.32	5.70	–.22	2.30	–.33	1.55	–.55

Übersicht über die Entwicklung der Lebensmittelpreise in Deutschland zwischen 1914 und 1924 (aus dem Sammelalbum Paul Hohner).

sich das deutsche Volk auch in schwerster Zeit zu helfen wusste, in jeder deutschen Familie einen Platz finden ...“

Alte Geldscheine als Ersatz für fehlende Fotos in einem Familienalbum? In der Tat war dies eine der raren Möglichkeiten für jedermann, um die zurückliegenden Jahre wie eine persönliche Erinnerung Revue passieren zu lassen. Denn wer besaß zu dieser Zeit schon einen Fotoapparat, um die Stationen seiner Lebensgeschichte dokumentieren zu können? Nur das noch überall vorhandene abgelegte Geld konnte dies tun. Es bildete ja nicht nur den Niedergang der deutschen Währung in nüchternen Ziffern ab, sondern auch das damit einhergehende Entwertungsgefühl, wenn sich die Menschen ihrer Lohntüten erinnerten, deren Kaufkraft vor ihren Augen zusammenschmolz, oder an ihre verzweifelten Anstrengungen beim täglichen Einkauf, für den Wert ihrer guten Arbeit gute und vor allem genügend Lebensmittel zu bekommen.

In solchen Zeiten werden alle Übereinkünfte aufgekündigt – nicht nur das Vertrauen auf die Rechtschaffenheit und Ehrlichkeit der Mitmenschen nimmt Schaden, sondern auch das auf die staatlichen Institutionen als Garant geordneter Lebensverhältnisse. Hamstern und Bunkern wird zum Gebot der Stunde: Es beginnt ein trickreicher Grabenkrieg, in dem jeder jeden zu übervorteilen sucht. Schließlich macht es der Staat selbst seinen Bürgern vor, indem er gleich mit Kriegsbeginn die Golddeckung der Währung aufhebt (den sogenannten „Goldstandard“, wonach die Reichsbank bis zum August 1914 verpflichtet war, jederzeit den Gegenwert eines Geldbetrags in Gold auszuhändigen), 1916 im großen Stil dann das Edelmetall seiner Bürger abschöpft („Gold gab ich für Eisen!“, d. h. die Geber erhielten wertlose Plaketten oder eiserne Kreuz-Imitationen als „Dankeschön!“), um international zahlungsfähig zu bleiben, oder ihnen seine Kriegsanleihen mit großen Worten als sichere Geldanlagen aufschwatzt.

Freilich war das Phänomen nicht neu. Auch in der Vergangenheit pflegte

Plakat von Fritz Erler zur Zeichnung der 6. Kriegsanleihe (Herbst 1917) – erstmals mit dem Motiv eines Soldaten mit dem 1916 eingeführten Stahlhelm.

Reichsfleischkarte „für ein Kind" der Stadt Stuttgart vom März 1917.

es immer dann aufzutreten, wenn ein Staat vom Friedens- in den Kriegsmodus wechselte, Aufrüstung wichtiger wurde als die Versorgung der Bevölkerung. Sehr schnell wurden Lebensmittel knapp und schlecht und Geldverfälschungen nahmen zu. Dies war schon im 30-jährigen Krieg der Fall gewesen, zur sogenannten Kipper- und Wipperzeit 1622/23 oder zur Zeit der Französischen Revolution. In solchen Zeiten kommen Verhaltensweisen obenauf, die als „Gresham'sches Gesetz" bekannt geworden sind. Es besagt, dass, wenn vermehrt „schlechtes" Geld in den Umlauf gelangt, die Menschen die Verfälschungen sehr wohl durchschauen und sich gegen den Kaufkraftverfall mit aller Macht stemmen. Also halten sie ihr altes „gutes" Geld in ihren Sparstrümpfen zurück, und bringen das schlechte neue, von dem es allzu reichlich gibt, in den Verkehr.

Kein Appell, seiner „vaterländischen Pflicht" zu genügen und dem Staat zu geben, was ihm zustehe, kommt jetzt dagegen an. Zu sehr belehren die Kriegsverhältnisse die Menschen durch den täglich fühlbarer werdenden Mangel an allem. Spätestens ab Februar 1915, als in Deutschland zum ersten Mal Brotmarken ausgegeben werden, beginnt „Ersatz" den Alltag zu bestimmen, Ersatz für Kaffee, für Tabak (z. B. bis zu 80 % Buchen- oder Rosenblätter in Zigaretten) und alle anderen Dinge des

Die „sprechende Kohlrübe" revolutionierte die Gestaltung des städtischen Notgelds deutschlandweit: 10-Pf.-Wert als sogenannte „Kriegsplatzanweisung" aus Bielefeld (A-Seite).

täglichen Lebens. Schon 1917 wird dies auf einem Notgeldschein der Stadt Bielefeld so kommentiert: „Brotersatz ist die Kohlrübe, Geldersatz ist dieser Schein."

Für Ersatzprodukte muss Ersatzgeld gut genug sein. Schließlich ist immer weniger Münzgeld im Umlauf, schon weil sein Materialwert für die Rüstung bald so wichtig wird, dass es ganz verschwindet und die völlige Umstellung auf Papiergeld flächendeckend erfolgt. Ein unscheinbarer 10-Pfennig-Schein aus dem Städtchen Melle bei Osnabrück bringt diesen Material-Schwund mit gehörigem Sarkasmus auf den Punkt:

„Wir stammen ab vom Silbergroschen,
der war was wert und glänzte hell.
Als seine Linie erloschen,
traten die Nickel an die Stell'.
Der Nickel macht den groben Klumpen,
dem Zehnerstück von Eisen, Platz,
dann kamen wir gewalkten Lumpen,
nach uns kommt dann Papierersatz."

Geld, das seine Ohnmacht so vor sich herträgt, erzählt ein hartes Stück Zeitgeschichte. Das konnten die zur selben Zeit umlaufenden Reichsbanknoten, die vom Anspruch her immer noch so tun mussten, als seien sie gute Zahlungsmittel, nicht wagen. Dennoch gibt es diese große Erzählung von der deutschen Geldmisere auch über das Medium „Geld" selbst. Freilich nicht von zentraler Stelle aus, sondern von vielen, mitunter sehr kleinen Orten überall in Deutschland. Geld, das auf so redselige Weise seinen Unwert betont, war in den meisten Fällen sogenanntes Seriennotgeld, emittiert von über 1.400 Städten und Gemeinden in ganz Deutschland. Von der Menge her machte es etwa 8 % des gesamten Papiergeldausstoßes der Inflationsepoche aus. Freilich kam nur das Wenigste davon in den Umlauf, die meisten Scheine wurden gesammelt wie im erwähnten Album. „Richtiges" Geld wollten und konnten sie, die von der Reichsbank allenfalls „geduldet" wurden, von Haus aus gar nicht sein, sondern „Platzanweisungen", „Gutscheine", „Wertersatzzeichen" oder wie sie sich auch immer genannt haben.

Das deutsche Notgeld zwischen 1914 und 1924 mit seinen etwa 12.000 Serienscheinen und gut 70.000 Hochinflationsscheinen ist gut dokumentiert, vor allem dank der verdienstvollen Kataloge von Dr. Arnold Keller. In ihnen steht allerdings nur die formal-technische Seite dieser Zahlungsmittel zur Debatte: Da geht es um Ausgabestellen, Auflagenhöhen, Wertstufen, Varianten, Fälschungen, Wasserzeichen und Ähnliches. Was das Geld hingegen zu erzählen weiß, hat Arnold Keller ebenso wenig interessiert wie die späteren Bearbeiter seiner Kataloge. Ohnehin blieb ihm das Seriennotgeld – im Gegensatz zu den sogenannten „Verkehrsausgaben" – höchst suspekt.

SERIENNOTGELD – WAS ES IST UND WAS ES ERZÄHLT

Das macht den Reichtum an Geschichten und Motiven, der die gesamte Seriennotgeldproduktion der Jahre 1920 bis 1922 deutschlandweit auszeichnet, nicht kleiner. Das arme, allzu arme Deutschland kann in dieser Hinsicht als ein Paradies der Parallelwährungen bezeichnet werden, das es so nirgendwo auf der Welt gegeben hat. Sich damit zu beschäftigen, erscheint heute schon deswegen angebracht, weil jetzt – 100 Jahre später – sich viele Menschen über die große Spannbreite an Werten auf den vielen Geldnoten dieser Zeitepoche verwundert die Augen reiben. Sie reichen von bescheidenen 5-, 10- oder 25-Pfennig-Werten bis hin zu astronomisch anmutenden Millionen-, Milliarden- und Billionen-Mark. Doch nur Letztere haben sich im kollektiven Gedächtnis in den Bildern riesiger Waschkörbe voller Geld abgelegt. Darüber ist der sich über fast zehn Jahre hinziehende Prozess des Zahlungsmittel-Wandels seit Kriegsbeginn, der zum Endergebnis der Hyperinflation des Herbstes 1923 führte, weithin in Vergessenheit geraten. In diesem vielschichtigen Prozess nimmt die Seriennotgeldepoche zwischen 1920 und 1922 ein keineswegs unwichtiges, aber noch immer kaum bekanntes Zwischenkapitel ein. Umso größer ist heute das Erstaunen, wenn sich bei näherer Betrachtung der Geldwertzeichen dieser Jahre die kleinen Werte von 20 oder 50 Pfennigen als diejenigen erweisen, die oft mit viel größerer Sorgfalt erzeugt wurden und mit deutlich höherem künstlerischen Aufwand daherkommen als die schnell und lieblos gemachten 100.000.000-Mark-Noten der Hoch- und Hyperinflationsphase.

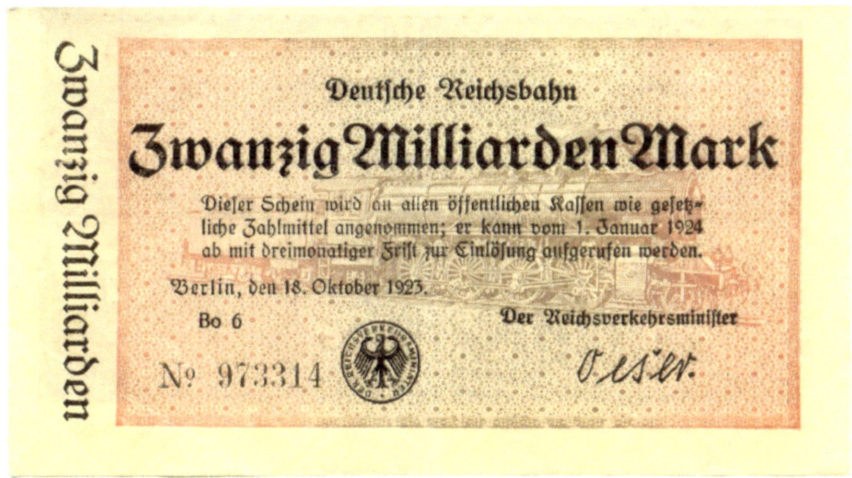

20-Milliarden-Mark-Reichsbahnnote („wie gesetzliche Zahlungsmittel") mit unbedruckter Rückseite vom Oktober 1923.

Dieses Buch soll uns die Geschichte und die Geschichten des deutschen Seriennotgelds nahebringen. Es zeigt sich, dass es nicht nur eine große Deutschland-Erzählung der Jahre 1920 bis 1922 bietet, sondern – als bislang noch kaum genutzte Quelle der frühen Jahre der Weimarer Republik – auch ein hochsensibler Zeitzeuge der kollektiven Befindlichkeit dieser Jahre war. Niemals hat Geld so sehr die Emotionen bedient wie dieses. Zudem entfaltet es eine ganz eigene Geldkultur mit einer erstaunlich vielschichtigen, teilweise sehr qualitätvollen Kleingrafik.

Die folgenden Seiten wollen einen plastischen Eindruck über diese ganz besondere Geldepoche geben. Freilich bilden sie im gut zehn Jahre andauernden Inflationsgeschehen zwischen 1914 und 1924 nur einen Bruchteil dessen ab. Sie verstehen sich als eine kursorische Bestandsaufnahme eines großen Fundus, den sie anhand ausgewählter Beispiele semiotisch interpretieren. Um das Seriennotgeld in den inflationären Gesamtprozess sinnvoll einzuordnen, wird dazu beispielhaft die Geldemissionspolitik der Stadt Freiburg zwischen 1917 und Ende 1923 herangezogen und mit Quellen aus dem Stadtarchiv belegt. Das Verfahren erscheint mir insofern legitim, als nicht nur die Diskussion über lokal auszugebendes Notgeld zwischen der Reichsbank und den Städten als Ausgabestellen stets nach demselben Muster verlief, sondern auch das ausgegebene Notgeld selbst in seinen exponentiell ansteigenden Nominalwerten während der Hoch- und Hyperinflationsphase 1923 landesweit überall dasselbe chaotische Bild zeigt.

Wenn bei den Geldscheinen von der A-Seite die Rede ist, so ist damit stets die formal wichtigere Seite gemeint. Auf ihr finden sich die notwendigen Angaben wie Ausgabestelle, Einlösungsfristen, Autorisierungszeichen, Unterschriften etc. Dagegen bot meist die B-Seite den Raum für andere Botschaften in Wort und Bild, jenseits der reinen Geldfunktion.

KAPITEL 2
Perioden, Akteure, Design

Das deutsche Notgeld – als Ergebnis eines ganzen Bündels von Einflussfaktoren – bietet ein chaotisches Bild. Um einen Überblick über die sich von 1914 bis 1924 hinziehende Gesamtentwicklung zu gewinnen, ist zunächst ein Blick auf die verschiedenen Stadien der Inflation hilfreich. Acht Perioden lassen sich voneinander unterscheiden:

1. Ausgaben von 1914/15 (bis 20 Mark);
2. Ausgaben von 1916 an in kleinen Werten (unter 1 Mark), 1917 und 1918 ansteigend;
3. regierungsseitig gewünschte und begünstigte Ausgaben größerer Werte (5, 10, 20 und 50 Mark) vom Oktober/November 1918 mit Geltungsdauer bis 1. Februar 1919;
4. vermischtes Kriegs- und Friedensnotgeld 1919 bis 1921/22 (zunehmend sogenannte Serienscheine, die mehr für dic Sammlerwelt als für die Einwohnerschaft des Ortes berechnet waren);
5. städtisches Großnotgeld (100 bis 500 Mark ab September 1922);
6. Hochinflationsgeld (1000 bis 500.000 Mark ab Dezember 1922 bis Juli 1923);
7. Hyperinflationsgeld (Millionen-, Milliarden- und Billionenwerte, zunehmend auch von größeren Firmen, von August bis November 1923);
8. wertbeständiges Notgeld (Oktober/November 1923).

Im Folgenden soll vor allem die vierte Periode als die mit Abstand bilderreichste, redseligste und auch problematischste der Geldgeschichte interessieren, ohne dabei auszublenden wie es zu diesen Zuständen kam und wie es nach dem Verbot des Seriennotgelds per Gesetz vom 17. Juli 1922 weiterging.

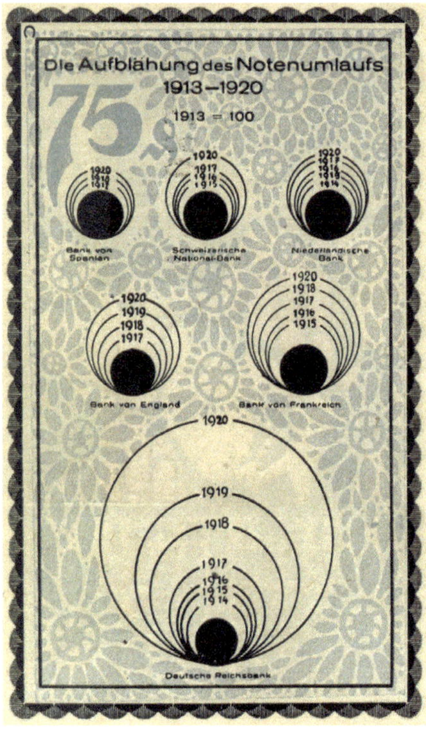

Vergleich des Papiergeldausstoßes verschiedener Länder (Spanien, Schweiz, Niederlande, England, Frankreich und unten: Deutschland) in Europa 1913–1920 als Kuchendiagramm auf einem 75-Pf.-Seriennotgeldschein der Stadt Kahla (B-Seite; Motiv 10 von 12).

Hauptursache des gewaltigen deutschen Papiergeldausstoßes war eine Vielzahl von Akteuren, die oft sehr widerstreitende Interessen verfolgten. Anfangs ist ihnen das regional und lokal ausgegebene Geld das einzige Instrument, die akut vor Ort bestehende Zahlungsmittelnot zu wenden. Bereits in dieser frühen Phase ergreifen nicht wenige Kommunen die Gelegenheit, die Besonderheit der Ausgabestelle etwa durch die Abbildung eines Bauwerks in ihren Mauern hervorzuheben. Schon damit wird das, nein „ihr" Geld zum Medium, die Stadt zu preisen oder mitunter auch Werbung für die am Ort hergestellten Waren zu machen. Schon bald treten neue Motive hinzu: Geldscheine fangen z. B. an, politische Propaganda zu treiben. Beliebt waren etwa Durchhalteparolen während des Krieges.

Anfangs sind es nur die Städte und Gemeinden selbst, die sich als Emittenten betätigen, dann entdecken Druckereien das Geld, Verlage, Sammler, Händler, diverse Kriegervereine, Spekulanten und andere Akteure. Die schnell bunter werdende Motivwelt der Scheine ist aber auch das Ergebnis vieler von der Zeit diktierter Tendenzen. Hierzu gehörten zuallererst die kollektive Auflehnung und Wut gegen den Versailler Vertrag und zugleich das tiefsitzende Bedürfnis, deutschen Kulturleistungen auf den Scheinen ein bleibendes Denkmal zu setzen oder regionale Eigenarten zur Gelt-ung zu bringen. Jede lokale Notgeldemission stellt aber auch das Ergebnis komplexer Lernprozesse dar, welche die Stadtverwaltungen bei solchen ihnen bislang gänzlich fremden Aufgaben zwangsläufig durchliefen. Erfahrungen im Hinblick auf Gestaltung, Ausgabe und Verbreitung ihrer Scheine sammelten sie jetzt ja sowohl im Informationsaustausch mit ihnen vorgesetzten Landesbehörden, der Reichsbank, aber auch mit der örtlichen Wirtschaft und der Bevölkerung ihrer Region. Schon bald, spätestens 1920, als sich eine Art Souvenir-Markt für dieses Geld gebildet hatte, macht sich der Wettstreit mit anderen Kommunen um das attraktivste Geld, um möglichst viel davon an Sammler zu verkaufen, immer stärker geltend. Von diesem Zeitpunkt an schießt das Notgeld in all seinen Erscheinungsformen wild ins Kraut – angefangen bei den willkürlich gewählten Papierqualitäten, völlig uneinheitlichen Formaten (eine DIN-Norm für Papierformate gab es auch erst ab 1924) bis hin zu den oft geradezu abstrus erscheinenden Bildern und Sprüchen, die ihm als Schmuck und Botschaft aufgedruckt werden.

Solange nur die Reichsbank und die Landesbanken per Gesetz befugt gewesen waren, Zahlungsmittel auszugeben, waren sie als Akteure unter sich geblieben. Damit war zwangsläufig nicht nur das einheitliche Design des Geldes gewährleistet, sondern auch der Katalog all der Standards, die „richtiges" Geld schon damals auszeichneten und die uns heute so selbstverständlich geworden sind. Von diesen „Autorisierungsmerkmalen“ setzten die lokal ausgegebenen Notgeldscheine allenfalls mal das eine oder andere um, aber niemals den vollen Katalog aller acht Kriterien: 1. Geldscheinart; 2. Wertangabe und Währungsbezeichnung; 3. Ausgabe- und Einlösestelle; 4. Ortsangaben; 5. Daten; 6. Unterschriften; 7. Strafsatz; 8. Nummerierung oder Serienbezeichnung. Vor allem das Strafsatz-Kriterium „Wer Geldscheine nachmacht …, wird mit Zuchthaus … nicht unter … bestraft …“ findet sich auf Seriennotgeldscheinen nie.

Freilich waren sowohl die Reichsbank als auch die vor Ort Notgeld ausgebenden Gemeinden hier in einer Zwickmühle. Einerseits sahen Hunderte von Städten und Gemeinden spätestens im Sommer 1917 keine andere Möglichkeit mehr, als selbst hergestellte Ersatz-Zahlungsmittel auszugeben, um die Wirtschaft vor Ort irgendwie am Laufen zu halten, andererseits achteten sie sehr wohl darauf, alles zu vermeiden, was ihr Ersatzgeld auch nur in die Nähe des „richtigen“ Geldes brachte. Hätte umgekehrt die Reichsbank hier die kleinste Vorgabe gemacht im Hinblick auf erwünschte Formate, Gestaltungselemente oder gar Sicherheitsmerkmale, hätte sie diese lokalen Notgeldausgaben damit nicht nur ernst genommen, sondern geradezu autorisiert – und zudem möglichen Verwechselungen mit dem von ihr selbst ausgegebenen Papiergeld Vorschub geleistet. Die Städte waren umgekehrt gut beraten, vor der Reichsbank abzuducken und ihr Notgeld nicht als echte Konkurrenz erscheinen zu lassen. So vermieden sie es ängstlich, es mit all den Merkmalen auszustatten, die an gesetzliche Zahlungsmittel erinnerten.

Dementsprechend „verdruckst“ kommt dieses Geld daher, so als habe es ein schlechtes Gewissen. Notgeld-, und insbesondere Seriennotgeldscheine sind vom Format her denn auch deutlich kleiner als die Scheine, welche die Reichsbank aus-

Kleine und kleinste Flecken werden Notgeld-Emittenten: teilbarer 50-Pf.-Notgeldschein des Kirchspiels Süsel bei Lübeck aus Anlass seiner Gründung vor 800 Jahren 1120 (B-Seiten).

gab. All das machte freilich ihre Position nicht einfacher, was sich in dem uns heute eher befremdlich anmutenden Satz bekundet, man dulde das städtische Notgeld zwar, man erlaube es aber nicht.

Reichsbanknote vom 1. Februar 1923 im Größenvergleich mit Seriennotgeldscheinen des Fleckens Wiedensahl, der acht verschiedene Szenen aus „Max und Moritz" präsentiert (B-Seite von Schein 3 und wiederkehrende A-Seite mit dem Geburtshaus des Dichters Wilhelm Busch).

KAPITEL 3
Geld in den Anfangstagen des Krieges

Dass ein kleiner 50-Pfennig-Schein wenige Jahre später über und über mit Bildern und Sprüchen bedruckt daherkommen sollte, konnte sich bei Kriegsbeginn im August 1914 noch kaum jemand vorstellen. Mangel an Zahlungsmitteln freilich war eine der allerersten Erfahrungen, welche die Menschen machen mussten. Noch bevor die Lebenshaltungskosten deutlich anzogen, bemerkten sie, dass ihre gute Goldmark, bis dahin eine der stabilsten Währungen der Welt, ziemlich rar geworden war. Wer noch davon besaß, begann die Geldstücke zu hüten und zu horten. Jahrzehntelang waren sie nicht nur das gefühlte Gold in der Tasche gewesen, sondern auch das übliche Zahlungsmittel für jedermann. Zwar gab es auch Papiergeld, doch im Alltag kam man fast überall mit den 10- und 20-Mark-Stücken aus. Der plötzliche Münzschwund trat aber nicht flächendeckend sofort und überall ein, sondern zunächst in den dem Krieg nächstgelegenen Provinzen, im Elsass im Westen oder im Warthegau im Osten, aber auch bei größeren Firmen im Ruhrgebiet, die ihre Arbeiter entlohnen mussten. Ulrich Klever schreibt über die Situation im Oberelsass: „Hier trat in den Industriegebieten Geldmangel auf, da die Sparkassen ihr Geld ins deutsche Elsass gebracht, die Gemeinden ihr Holz schon verkauft, aber noch keine Bezahlung dafür erhalten hatten. Außerdem hatte die Stadt Straßburg für fünf Millionen Mark Kleingeld gehamstert, um bei Kriegsausbruch ‚flüssig' zu sein. Das war die Hälfte allen Kleingelds, das damals im Reichsgebiet ausgegeben worden war. Es ist deshalb ein Wunder, dass 1914 nicht noch mehr Kriegsgeld ausgegeben werden musste."

Oft ohne Rücksprache mit der Reichsbank und allein aus plötzlich eintretender Zahlungsmittelnot sahen sich manche Gemeinden im August und September 1914 gezwungen, papierenen Ersatz für nicht mehr vorhandenes Münzgeld in Form von Ein-, Zwei- und Fünf-Mark-Scheinen auszugeben. So geschehen etwa in Mulhouse im Elsass, in Colmar oder Gebweiler (heute: Guebwiler).

Wie sehr man in den Anfangstagen des Krieges zu improvisieren gezwungen war, mag aus heutiger Sicht bisweilen grotesk anmuten. Das verdeutlicht eine Szene vom östlichen Kriegsschauplatz aus der kleinen Ortschaft Züllichau im damaligen Warthegau (heute: Sulechow (Polen)): „Zahlreiche Arbeiter waren mit Befestigungsanlagen beschäftigt. Am Tage vor der ersten Lohnzahlung erschien der leitende

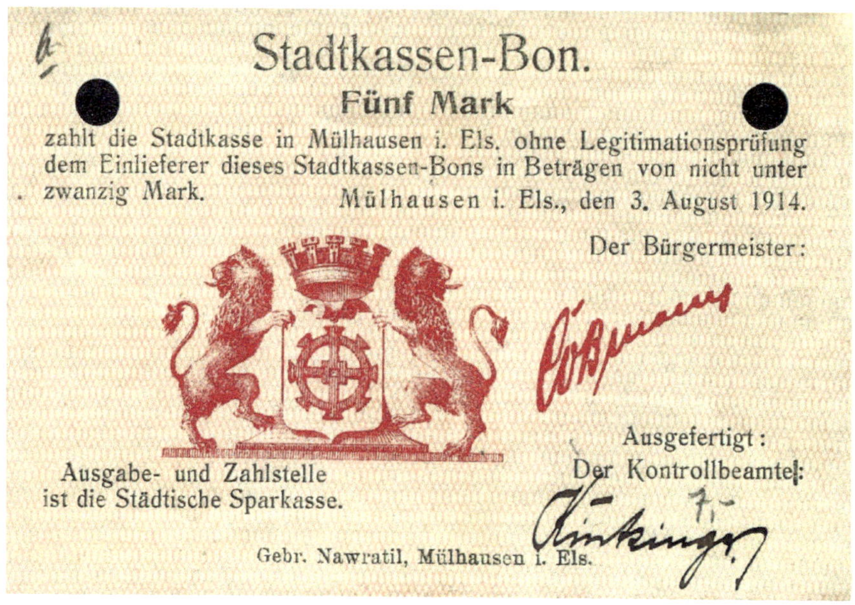

Stadtkassen-Bon.

Fünf Mark

zahlt die Stadtkasse in Mülhausen i. Els. ohne Legitimationsprüfung dem Einlieferer dieses Stadtkassen-Bons in Beträgen von nicht unter zwanzig Mark.

Mülhausen i. Els., den 3. August 1914.

Der Bürgermeister:

Ausgefertigt:
Der Kontrollbeamte:

Ausgabe- und Zahlstelle ist die Städtische Sparkasse.

Gebr. Nawratil, Mülhausen i. Els.

Von der Stadt Mülhausen (heute: Mulhouse (Elsass)) ausgegebener Notgeldschein („Stadtkassenbon") über 5 Mark vom 3. August 1914 (A-Seite, B-Seite unbedruckt).

Beamte auf der Stadtkasse, um die von der Intendantur erhaltenen 1000-Mark-Scheine in Kleingeld umzuwechseln. Dieses aber war in den ersten Tagen des Krieges bekanntlich überall wie in die Erde gesunken und nirgends aufzutreiben. Da Unruhen zu befürchten waren, wenn die Leute nicht gelöhnt werden konnten, wurden auf Vorschlag des Stadtrendanten noch in der Nacht drei Geldsorten in aller Eile gedruckt, gestempelt und gezählt, sodass am andern Morgen um 6 Uhr der Bauleiter das nötige Kleingeld in Händen hatte. In die benachbarten Städte und Gemeinden wurden Plakate des Inhalts versandt, dass die Scheine überall in Zahlung zu nehmen seien und die Stadt Züllichau die Einlösung gewährleiste. Nach Beendigung der Erdarbeiten wurden diese Scheine wieder aus dem Verkehr gezogen." Man habe für diese Geldausgabe das erstbeste Material verwendet, das sich auffinden ließ: „weißes Papier für die 1,50 Mark-Scheine, braunen und grauen Karton für 2- und 5-Mark-Scheine und den ausgegebenen Zahlungsmitteln im Gesamtwert 17.000 Mark auch einen aus der Not geborenen Fälschungsschutz verliehen – durch Unterschrift des Kassierers Biehahn und dem Stadtwappen als Schmuck." Dass es noch abenteuerlichere Lösungen gab, beweist ein Skatblatt, das sich heute im Geldmuseum der deutschen Bundesbank befindet. Hier wurden Teilstücke einzelner Spielkarten durch eine handschriftlich hinzugesetzte Wertstufe und Amtsstempel kurzerhand zu vor Ort gültigem Geld erklärt.

Zum Zahlungsmittel mit begrenzter Gültigkeit durch handschriftlich hinzugefügte Wertangabe (5 Mark) und Unterschrift umfunktionierter Teil eines Skatblatts aus Ritschenwalde (heute: Ryczywół (Polen)) vom August 1914.

Wie viel an Unsicherheit und auch Argwohn, was mit ihrem Ersparten fortan passieren würde, die Menschen in den Anfangstagen des Krieges umtreiben konnte, verdeutlicht eine Szene aus Berlin, als nicht wenige plötzlich ihre Konten leerräumen wollten. Bei der Deutschen Bank in Berlin, so berichtet es Heinz Quester, sei aus einer Zweigstelle schon Alarm geschlagen worden, weil der Andrang an den Schaltern tumultartige Formen annahm. Welche Möglichkeiten gab es in dieser Situation, eine Welle der Panikabhebungen zu verhindern? Antwort: nur Psychologie. Mutig trat ein Beamter vor die Menge und erklärte in ruhigen Worten, ab sofort würden an anderen Schaltern in der Stadt weitere Möglichkeiten der Geldabhebung geschaffen. Daraufhin gingen fast alle wieder beruhigt nach Hause und unterließen genau das, weswegen sie gekommen waren – wähnten sie sich doch jetzt in der Sicherheit, dass die Bank auch am nächsten Tag in der Lage sei, jede Auszahlungsforderung zu erfüllen.

In der Tat schien wenige Wochen nach Kriegsbeginn die erste große Zahlungsmittelkrise gemeistert: Das Notgeld der ersten Phase konnte eingezogen und vernichtet werden. Die Reichsbank gab in Höhe von 14 Milliarden Mark Darlehenskassenscheine in Nennwerten von 1, 2 und 5 Mark als Ersatz für die verschwundenen Münzen aus, was die Lage bis weit ins Jahr 1916 hinein entspannen sollte. Das grundsätzliche Misstrauen der Menschen in das, was auf der großen währungspolitischen Bühne geschah, war jedoch nicht mehr auszuräumen.

Darlehenskassenschein der Reichsschuldenverwaltung über 5 Mark vom 1. August 1917 (A-Seite).

Denn die Mark war zu einer „manipulierten Papierwährung" (Heinz Quester) geworden. Damit war eine unheilvolle Entwicklung eingeleitet, was im Alltag während der ersten Kriegsjahre zwar immer wieder Stockungen bei der Versorgung verursachte, von der Bevölkerung aber letztlich doch hingenommen wurde. Je länger der Krieg dauerte, umso größer wurde der Nominalwert des umlaufenden Papiergeldes, der von 6,5 Milliarden Mark Ende 1913 auf 33,1 Milliarden Mark Ende 1918 anstieg. Auf der anderen Seite sank der Wert der deutschen Valuta im internationalen Vergleich zunächst langsam, gegen Ende des Krieges aber immer stärker ab.

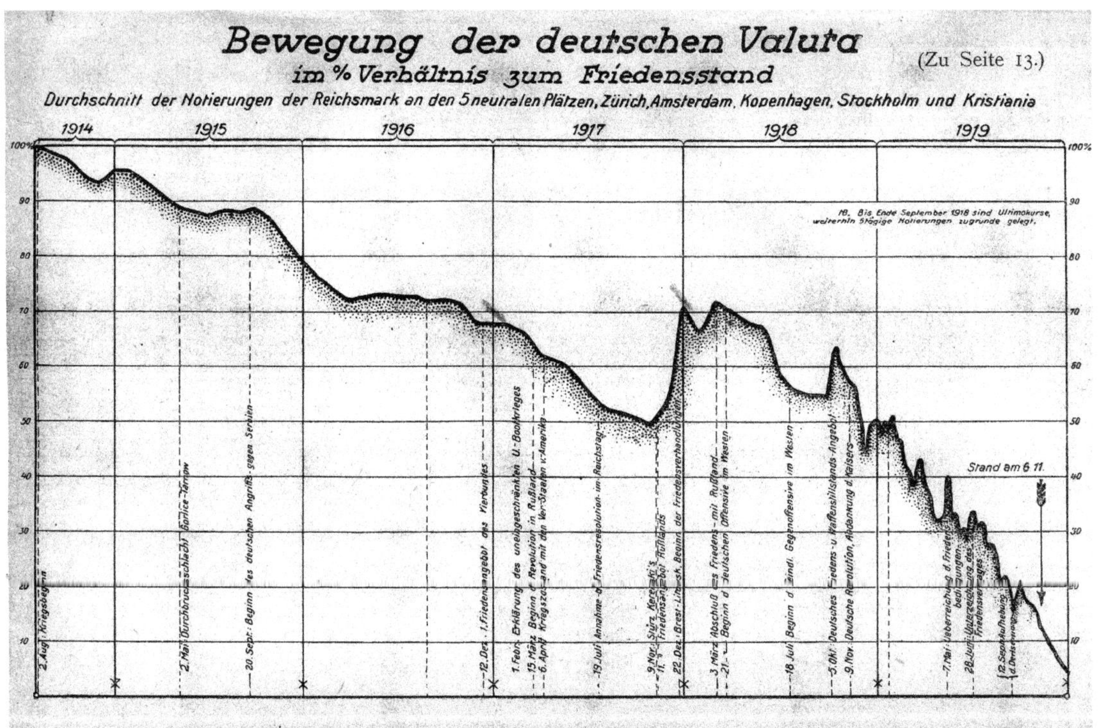

Der Wertverfall der Mark im internationalen Vergleich zwischen August 1914 und Dezember 1920.

GELD IN DEN ANFANGSTAGEN DES KRIEGES

KAPITEL 4
Das Kriegsnotgeld rüstet auf

Eigentlich bestand keine Veranlassung, Notgeld „schöner“ zu machen als es der Zweck verlangte. Schließlich waren im Krieg die Ressourcen knapp und der Aufwand unverhältnismäßig hoch. Und ob und in welcher Form sich diese Anstrengungen jemals auszahlen würden, blieb ungewiss. Gleichwohl zeigten schon ab 1917 manche Gemeinden starke Ambitionen, ihre Ersatz-Zahlungsmittel mit zusätzlichen Botschaften und Bildern aufzuwerten – wie etwa der schon eingangs erwähnte 50-Pf.-Schein mit der sprechenden Kohlrübe aus Bielefeld. Die „Initiative für die originelle Gestaltung des Bielefelder Notgeldes“, so Gustav Prange, sei „von den Leitern der Stadtsparkasse ausgegangen, welche die Ausführung ihrer schöpferischen Ideen der dortigen Kunstgewerbeschule übertragen haben.“ Es war nicht nur die sprechende Rübe allein, sondern auch das fast nur mit der Lupe zu entziffernde große Paket an versteckten Botschaften im Fond des Scheins mit Angaben über deutsche Valutaprobleme und Lebensmittelpreise, das ihm „Aufsehen bis weit über die Grenzen des Reiches“ verschaffte.

Über dieses eigenartige neue Geld zeigte sich der Bielefelder Generalanzeiger vom 20. Oktober 1917 entsetzt: „Schon wandern die Scheine von Hand zu Hand, und wo sie zum ersten Mal auftauchen, erwecken sie Verblüffung und dann helles Gelächter. Man traut seinen Augen nicht. Leben wir wirklich im vierten Jahre dieses Krieges oder leben wir im Karneval? Hat sich da ein Künstler einen üb-

Die Rübe spricht: „Brotersatz ist die Steckrübe, Geldersatz dieser Schein“ – 25-Pf.-Notgeldschein der Stadt Bielefeld vom 1. Juli 1917 mit „versteckten“ Angaben zur Geldentwertung im Fond (B-Seite).

... und zur Unterhaltung ein Rebus aus den Namen der Stadtratsmitglieder: Hering-Haus; Brügge-Mann, Hornung und Hahn-ke samt Lebensmittelpreisen im Fond (A-Seite).

Parade-Stadtansicht von Regensburg mit der alten Donaubrücke: 50-Pf.-Notgeldschein von 1918 (ohne weitere Datums-Angabe; B-Seite).

len Scherz mit all der Kriegsnot gemacht?" Diese Scheine seien „eine Geschmacklosigkeit sondergleichen." Dass das ‚Skandal-Potential' des Scheins aber ebenso gut dazu taugte, seine Popularität eher zu steigern, war dem Redakteur auch bewusst: „Jedenfalls wird in keiner Sammlung, in keinem Museum von Kriegserinnerungen dieses Bielefelder Kriegsnotgeld fehlen dürfen zum Beweise dafür, mit welcher Würde und welchem Ernst die Stadt Bielefeld in dem Jahre, da das Deutsche Reich den bitteren Entscheidungskampf um seinen Bestand kämpfte, sich umgürtet hat." Schon eine Woche später wusste die Westfälische Zeitung vom 27. Oktober 1917 zu berichten: „Es wird unsere Bielefelder Bürgerschaft gewiss interessieren, dass die Idee, die Steckrübe mit Sinnsprüchen auf Geldscheinen anzubringen, von anderen Städten bereits nachgeahmt wurde, also Beifall gefunden hat."

Scheine wie diese (hier „Kriegsplatzanweisungen" genannt) waren freilich noch immer Einzelfälle. In der Regel kam städtisches Kleingeld während des Krieges sehr schlicht und mit minimalem Schmuck versehen daher. Wenn manche Kommunen hier deutlich mehr investierten als nötig, bekundete sich darin ein Sendungsbewusstsein, das freilich von Ort zu Ort sehr unterschiedlich ausfiel. Anhand von fünf Scheinen verschiedener Städte (Regensburg, Augsburg, Lindenberg, Tettnang, Niederlahnstein) lassen sich die Tendenzen aufzeigen, die für die ab 1920 einsetzende Phase des Seriennotgelds bald stilbildend werden sollten.

Der schöne Kriegs-Notgeldschein aus Regensburg von 1918 zeigt mit der alten Donaubrücke die Paradeansicht der Stadt als vom Krieg unberührtes, ja überzeitliches Motiv. Er kann als Musterbeispiel für die vielen Seriennotgeldscheine gelten, die in der Folgezeit wie miniaturisierte Fremdenverkehrswerbungen daherkamen, indem sie Schokoladenansichten der ausgebenden Orte präsentierten. Ganz anders dagegen ein 50-Pf.-Schein aus Augsburg vom 1. Januar 1918. Im Gegensatz zu seinem unbelebten Gegenstück aus Regensburg finden wir hier einen großen Menschenauflauf. Er versinnbildlicht vor der klassischen Stadtkulisse die allgemeine Not im Bild der um Lebensmittel anstehenden Schlange. Gestaltet hat den für Kriegsverhältnisse überaus opulent wirkenden Schein der Augsburger Maler und Radierer Josef Weidenbacher (1886–1973). Nicht minder interessant ist die B-Seite, deren Figurenkonstellation sich auch auf einer Reihe von Kriegsgeldscheinen anderer deutscher Städte und Gemeinden wiederfindet, hier freilich in einer geradezu archaisch anmutenden Version: auf der einen Seite der Krieger, der todesmutig und unerschrocken die Fratzen der Feinde bekämpft, auf der anderen die daheim ausharrende Frau (hier mit Kind und Wollspindel dargestellt). Der dem Schein aufgedruckte Spruch versucht in einer Mischung aus Verzweiflung und Trotz die seelische Befindlichkeit in der Endphase des Krieges mit einem Wortspiel auf den Punkt zu bringen: „Steht unsre Mark im Kurs auch schlecht, das Mark im deutschen Arm ist echt!" Schon bald sollte er zum geflügelten Wort werden und noch auf manch anderem Notgeldschein bis ins Jahr 1922 wiederkehren.

Augsburger Innenstadtszene mit einer um Lebensmittel anstehenden Menschenschlange: 50-Pf.-Gutschein der Stadt Augsburg vom 1. Januar 1918 (A-Seite).

Der unerschrockene Krieger kämpft für Frau und Kind gegen ein Heer von feindlichen Fratzen (B-Seite).

Die wohl am stärksten der Kriegsrhetorik huldigenden Scheine waren die beiden geradezu martialisch daherkommenden Kleinnominalen aus Lindenberg im Allgäu, ausgegeben am 1. August 1917, zu einer Zeit, als der Krieg noch nicht endgültig verloren schien und Durchhalteparolen nicht sinnlos wirkten. Auf dem 10-Pf.-Wert prangt ein geradezu im heiligen Trotz erstarrter Krieger mit Stahlhelm vor seiner Kanone. Der 50-Pf.-Wert fügt der Darstellung eines weiteren Kriegers noch den Spruch hinzu: „Der Teufel selber räumt das Feld, wo deutsche Treue Schildwacht hält."

Wild entschlossener Krieger vor seinem gewaltigen Mörser: 10-Pf.-Kriegsnotgeldschein der Königlich-Bayerischen Stadt Lindenberg im Allgäu vom August 1917 (B-Seite).

„Deutsche Treue" als Allheilmittel gegen eine „Welt voller Teufel": 50-Pf.-Notgeldschein aus Lindenberg im Allgäu vom August 1917 (B-Seite).

Eine Waffenschmiede empfiehlt sich den Frontsoldaten: 50-Pf.-Notgeldschein aus Kaufbeuren von April 1918 (B-Seite).

Ähnlicher Kriegsrhetorik in Wort und Bild bedienten sich etliche Scheine aus dem süddeutschen Raum. Ein 50-Pf.-Wert aus Kaufbeuren vom April 1918 etwa zeigte das Motiv eines Schwerts über der Stadt mitsamt dem Spruch: „Die Schwertschmiedstadt im Alten Reich / wünscht deutschem Schwerte guten Streich.“ Und ein 50-Pf.-Schein aus Saulgau vom Februar 1918 kommentiert das Motivpaar einer Bäuerin und eines Soldaten mit dem Spruch: „Sie trägt die Hacke, er das Schwert, so schützen beide Haus und Herd.“

Wenngleich all diese Scheine noch ausdrücklich als Kriegsgeld wahrgenommen werden wollten, so fällt doch die Opulenz auf, mit der insbesondere in Süddeutschland zu Werke gegangen wurde, als ob man selbst noch auf seinem Notgeld die Kulturtraditionen des bayerischen oder mainfränkischen Barock hochhalten wollte – beispielhaft etwa auf Scheinen von Donauwörth, Aschaffenburg, Straubing oder Tettnang. Insgesamt bleibt festzuhalten, dass ein großes ästhetisches Gefälle zwischen jenen Städten und Gemeinden bestand, die ihr Notgeld als schlichte Verkehrsausgaben mit dem ausschließlichen Zweck, die Zahlungsmittelnot am Ort zu

Opulent gestaltete 25-Pf.- und 50-Pf.-Kriegsnotgeldscheine (jeweils A- und B-Seite) aus dem süddeutschen Raum aus Straubing und Tettnang mit starker Kriegsrhetorik in Wort und Bild. Der Schein aus Tettnang gestaltet den Gegensatz zwischen den kämpfenden Soldaten und der Hausfrau und Mutter auf seine eigene Weise.

lindern, in den Umlauf brachten und jenen, die damit auch andere Botschaften zur Geltung bringen wollten. Dass letzteres Geld für die sich formierende Sammlergemeinde im Land deutlich attraktiver war, liegt auf der Hand.

Die wohl spektakulärsten Notgeldscheine der Kriegszeit stellten jedoch die beiden Wertstufen aus Niederlahnstein am Rhein vom 1. Mai 1917 dar. Der 25-Pf.-Wert zeigt auf der Rückseite ein komplexes Bilderrätsel, dessen Auflösung nicht wenigen Zeitgenossen ebenso viel Kopfzerbrechen wie Spaß bereitet haben dürfte. Gustav Prange schreibt dazu: „Wir sehen St. Bürokratius im Kampfe mit dem Hamster. Mit gezückter Feder sitzt der Bürokrat auf dem Amtsschimmel … Mit Tinte wird er getränkt, und was er von sich gibt, sind Verordnungen. Währenddessen eilt ein Hamster mit seiner Last auf dem Rücken davon. In versteckten Inschriften hören wir beide seufzen, den Bürokraten: Richtig verteilen machet viel Sorgen!, den Hamster:

Ästhetisch noch nicht „hochgerüsteter“ 50-Pf.-Zweck-Gutschein der Stadt Lahr (Baden) vom 12. Juni 1917 (A-Seite).

Hätt ich die Beute nur erst geborgen!“ Eine solch ätzende Karikatur auf einen Zeitmissstand, über einen Geldschein transportiert, der nur 25 Pfennig kostete, war bei Notgeldsammlern schnell ein Hit. Dass davon 100.000 Stück gedruckt und schnell abverkauft wurden, verwundert nicht.

Was der Amtsschimmel produziert, interessiert den Hamster nicht: A-Seite des 25-Pf.-Scheins aus Niederlahnstein vom 1. Mai 1917 mit versteckten Botschaften jeweils über den Köpfen des Bürokraten und des Hamsters (rot hervorgehoben).

KAPITEL 5
Vom Notgeld zum Seriennotgeld – der Fall Freiburg

Wie sein Name es besagt, war „Notgeld" der Versuch, vor Ort eingetretenen Mangel an Zahlungsmitteln durch lokale Akteure zu überbrücken – so lange bis wieder regulär ausgegebenes Geld verfügbar war und an seine Stelle treten konnte. Nach dem Ende seiner Geltungsdauer sollte es entwertet, aus dem Verkehr gezogen und vernichtet werden. Solange jedoch die Notlage – vor allem in den letzten beiden Kriegsjahren – anhielt, stellte es an sehr vielen Orten das einzig verfügbare Kleinzahlungsmittel dar. Schließlich wurde ab Mitte 1916, als das letzte noch umlaufende Münzgeld, da zu Rüstungszwecken eingeschmolzen, aus dem Umlauf verschwand, die Lage im Land überall prekär.

Der folgende Fall kann als Musterbeispiel gelten – schließlich verlief die Auseinandersetzung über die Ausgabe von Notgeld zwischen den Städten und Gemeinden und den ihnen übergeordneten Landesbehörden einerseits und der Reichsbank andererseits überall nach demselben Muster. Wenn hier Freiburg im Breisgau als Schauplatz gewählt wird, liegt dies nicht etwa an besonders spektakulären Scheinen, die diese Stadt ausgegeben hätte, sondern daran, dass dieses Beispiel besonders geeignet ist, den Übergang von Notgeldscheinen, die man als „Verkehrsausgaben" bezeichnet, zu jenen, die zu den „Serienscheinen" gezählt werden, zu zeigen.

Der Badische Beobachter notierte am 9. Januar 1917: „Der Mangel an Scheidemünzen macht sich ganz besonders in Zehnerstücken bemerkbar." Dementsprechend hatten schon im Frühjahr und Sommer dieses Jahres immer mehr Gemeinden überall in Deutschland die Konsequenz gezogen und den Schritt zu einer Papiergeldausgabe gewagt, ebenso in Südbaden. Endlich sollte auch Freiburg folgen.

Im Verlauf der gesamten Inflationsperiode zwischen Oktober 1917 und November 1923 emittierte die Stadt mehr als 20 verschiedene Notgeldscheine mit Nennwerten von 50 Pfennigen bis hinauf zu 50 Milliarden Mark. Damit deckt ihr lokal ausgegebenes Notgeld von den oben genannten acht Perioden (vgl. S. 17) außer der ersten alle folgenden ab. Die Entscheidung, einen ersten bescheidenen 50-Pf.-Schein auszugeben, hatte man gut vorbereitet und dazu im Vorfeld Erkundigungen eingezogen: „Lörrachs Erfahrungen sind gute". Am 12. September 1917 beschloss man die Ausgabe eines 50-Pf.-Gutscheins bis zum Gesamt-Nennwert von 100.000 Mark.

10-, 20- und 50-Pf.-Geld-Gutscheine der Stadt Emmendingen nördlich von Freiburg vom 1. August 1917 mit einem Zündholz als Größenvergleich (A-Seiten).

Die Reichsbank war davon nicht erbaut und schrieb: „Wir machen darauf aufmerksam, dass die Ausgabe von Ersatzgeld eine Beeinträchtigung des staatlichen Münzmonopols ist und gegen das Münzgesetz verstößt, denn die Ausgabe von Papiergeld hat sich das Reich ausschließlich vorbehalten." Zugleich ließ man jedoch Verhandlungsbereitschaft durchblicken: „Unter gewissen Voraussetzungen ist während des Krieges einzelnen Stadtgemeinden die Genehmigung zur Ausgabe von Ersatzgeld erteilt worden. Hierzu gehört, in Übereinstimmung mit dem Großherzoglichen Badischen Ministerium des Innern, die Auflage, dass der Betrag der gesamten Ausgabe bei der zuständigen Reichsbankstelle in bar deponiert, oder als Guthaben auf dem Girokonto der betreffenden Sparkasse gesperrt wird."

Die Drohung war zu schwach, um die Stadtverwaltung zu beeindrucken. Man scherte sich darum wenig und gab am 17. Oktober 1917 erstmals 50-Pf.-Notgeld-Gutscheine aus. Gegenüber der Reichsbank fühlte man sich im Recht, da es sich gar nicht um die Ausgabe von Ersatzgeld oder Ersatzscheinen handele. Auf ihnen finde sich ja nur die Bezeichnung „Gutschein" – und man berief sich auf § 807 des Bürgerlichen Gesetzbuchs, nach dem Notzahlungsmittel zu ihrer Gültigkeit keiner staatlichen oder sonstigen Genehmigung bedürften. Auch im Hinblick auf eine (noch) nicht hinterlegte Sicherheit zeigte sich die Freiburger Stadtverwaltung selbstbewusst: „Ebenso dürfte die Fähigkeit der Stadtgemeinde, die ausgegebenen Scheine wieder einzulösen, auch ohne Hinterlegung des Betrages wohl außer Zweifel stehen." Doch die Reichsbank wollte zunächst nicht von ihrer Position abrücken und forderte die Freiburger ultimativ auf, die Scheine wieder einzuziehen – um schon im gleichen Atemzug einzuknicken: „Sollte ein dringendes Bedürfnis für die Ausgabe von Notgeld vorliegen und die Ausgabe daher ausnahmsweise geduldet werden, stellen wir anheim, die Genehmigung zur Ausgabe nachträglich zu erteilen."

Auch das focht die Freiburger nicht wirklich an. Schließlich hatten etliche andere Gemeinden wie Heidelberg oder Pforzheim „ohne Genehmigung" längst so gehandelt bzw. diese erst nachträglich eingeholt. Gegenüber dem Badischen Ministerium des Innern beharrte man noch am 10. April 1918 auf seinem Standpunkt, dass es sich nicht um Geld im Sinne eines gesetzlichen Zahlungsmittels handele, sondern nur um „kleine Inhaberpapiere", was ja schon an der einfachen Gestaltung zu erkennen sei. Am 21. April 1918 lenkte denn auch das Ministerium ein und genehmigte die Notgeldausgabe nachträglich. Vor Ort bewirkten die Gutscheine endlich die ersehnte Erleichterung. Zwei Monate nach der Ausgabe stellte die Handelskammer Freiburg zufrieden fest, dass die zermürbende Jagd nach den letzten Nickelmünzen im Handel endlich vorüber sei.

Freiburger 50-Pf.-Gutschein (rot) vom September 1917 (A-Seite; Rückseite unbedruckt)

Bei Betrachtung des Gutscheins erscheint die Auffassung der Stadt nachvollziehbar. Er entbehrt aller Kriterien, die „richtiges" Geld ausmachten, angefangen bei der unbedruckten Rückseite bis hin zum Miniatur-Format (8,8 x 5,5 cm). Auch findet sich auf ihm weder ein exaktes Ausgabedatum noch eine Einlösungsfrist. Er hat keine Seriennummer und kein Amtssiegel; als einziges Autorisierungsmerkmal trägt er die Unterschrift des „Stadtrats" – in Wahrheit des Oberbürgermeisters – Emil Thoma. Immerhin gibt es mit einem als Karomuster ausgeführten Wasserzeichen eins der schon damals gebräuchlichen Sicherheitsmerkmale. Gestaltet worden war der Schein vom Grafiker Josef Schroeder-Schoenenberg (1896–1948). Dieser hatte als Schmuckelemente neben dem Stadtwappen den Rappenkopf, der bis ins 18. Jahrhundert von der Freiburger Münzstätte verwendet worden war, gewählt.

VOM NOTGELD ZUM SERIENNOTGELD – DER FALL FREIBURG

Das weitere Schicksal des Scheins ist bemerkenswert, da es – stellvertretend auch für andere Kommunen – die Lernprozesse, welche eine Stadtverwaltung, die zuvor noch nie Ersatzgeldzeichen ausgegeben hatte, durchläuft, deutlich macht. Überall im Land sahen sich Stadtverwaltungen jetzt ja vor völlig neue Herausforderungen verwaltungstechnischer, logistischer und auch juristischer Art gestellt. Grundsätzlich sollte ihr lokal ausgegebenes Notgeld, nachdem es seine Gültigkeit verloren hatte, eingezogen und vernichtet werden, da dann ja wieder gesetzliche Zahlungsmittel an seine Stelle treten sollten. Doch da die Reichsbank diese in der Folgezeit nie liefern konnte, folgten zwangsläufig immer neue lokale Notgeldausgaben mit ständig steigenden Nominalwerten und jeweils begrenzter zeitlicher Gültigkeit als Zwischenlösungen. Mit dem Ergebnis, dass bei den Städten die entwerteten Geldberge ständig wuchsen.

Von diesen Entsorgungsproblemen technischer Art abgesehen – wie sollte eine Stadtverwaltung mit den aus dem Verkehr gezogenen Scheinen eigentlich umgehen? Sie wie gefordert vernichten oder vielleicht doch (heimlich) aufbewahren? Womöglich ließen sich die mit beträchtlichem Aufwand hergestellten Scheine später noch einmal verwenden. Zudem dokumentierte das entwertete Geld ja auch ein Stück Stadtgeschichte. Und darüber hinaus stieß es zunehmend auf das Interesse privater Sammler – und nicht nur jener aus Freiburg selbst. So argumentierte am 7. April 1919 der Leiter der Städtischen Sammlungen, aus dem Verkehr gezogene Notgeldscheine mögen an öffentliche Stellen unentgeltlich abgegeben werden, an Privatleute hingegen nur gegen Gebühr von zwei Mark pro Stück. Auch sei ein gewisser Bestand in den städtischen Sammlungen schon deshalb vorzuhalten, um ausreichend Tauschmaterial zu haben, z. B. 300 Stück von jeder Sorte: „Von vielen Museen, Archiven und Städten werden wir ersucht, unentgeltlich ein oder mehrere Stücke entwerteter Notgeldscheine zu überlassen. Wir haben diesen Ersuchen jeweils stattgegeben. Es ist aber wünschenswert, dass auch das hiesige Archiv Notgeldscheine anderer Städte wenigstens in beschränkter Anzahl erhält."

Auch auf juristischer Ebene bereitete das aus dem Verkehr gezogene Notgeld große und bislang unbekannte Probleme, vor allem im Hinblick darauf, ob und wie lange nach seiner Entwertung eine Verpflichtung zur Einlösung bestand. Die einzelnen Städte verfuhren dabei höchst unterschiedlich, wie das Ergebnis einer Rundfrage des Geschäftsführers des Badischen Städteverbandes in Karlsruhe vom 16. Februar 1920 zeigt: „Offenburg löst Notgeldscheine vom 1. April 1920 ab nicht mehr ein, vorbehaltlich von Ausnahmen nach freier Entschließung nach diesem Zeitpunkt", Lahr halte die Ansicht für richtig, „dass die Notgeldscheine Schuldverschreibungen auf den Inhaber sind, die Einlösungspflicht daher erst innerhalb 30 Jahren verjährt. Lahr löst daher auch weiterhin ein." Die Fälle der nachträglichen Einlösung seien aber selten. Baden-Baden habe bisher die Einlösung auch nach dem Aufruf zugelassen, neuerdings aber die Sperrverfügung weggelassen. Konstanz habe trotz Verfall der Notgeldscheine am 1. Juni 1919 noch bis 1. September 1919 eingelöst, danach die Einlösung aber abgelehnt. Pforzheim habe das Ende der Einlösung durch öffentliche

Bekanntmachung auf Ende Mai 1919 festgesetzt, aber trotzdem auch noch nach diesem Termin eingelöst, Ende März 1920 dies dann endgültig eingestellt. Heidelberg fasse die Scheine nicht als Schuldverschreibungen auf und lehne ihre Einlösung seit Oktober 1919 ab. Der Mitarbeiter der Stadtverwaltung Freiburg, der diese Informationen zusammengetragen hatte, unterließ es nicht, seine Einschätzung abzugeben: „Meine Ansicht ist die, dass die Notgeldscheine nicht als Schuldverschreibungen auf den Inhaber aufzufassen sind. Eine Verpflichtung zur Einlösung nach dem Aufruftermin besteht nicht. Dies wird anerkannt durch das Reichsbankdirektorium, den Reichsminister der Justiz und das preußische Finanzministerium."

Diese Rechtsunsicherheit bei ihrer Entsorgung war das Gegenstück zur völlig uneinheitlich gehandhabten Duldungs-Praxis lokaler Notgeldausgaben seitens der jeweiligen Landesbehörden. So ordnete Preußen grundsätzlich an, dass eine ausdrückliche Genehmigung von Notgeldausgaben nicht in Frage käme, sondern nur stillschweigende Duldung. „Bayern war toleranter: Das Bayerische Staatsministerium erklärte im Februar 1917, dass staatliche Kassen das Geld einlösen und gegen kassenmäßiges Geld umtauschen würden, wenn der Staatskasse keine Kosten erwüchsen. Sachsen-Weimar erlaubte Gemeinden, Firmen und Konsumvereinen die Ausgabe von Notgeld, wenn eine genügend hohe Sicherheit bei der Reichsbank hinterlegt wurde. Sachsen erlaubte nur kreisfreien Städten und Amtshauptmannschaften Notgeldausgabe nach genau vorgeschriebenem Muster." (Ulrich Klever)

Neben all diesen Problemen nahmen die Kommunen aber auch eine erfreuliche Seite des Phänomens wahr. Ab etwa 1920 stellten sie nämlich fest, dass viele ihrer Notgeldscheine bis zum Verfallstermin gar nicht eingelöst worden waren, da sie offensichtlich in die Hände von Sammlern gelangt und in deren Alben verschwunden waren. Per saldo bedeutete dies: Jeder nicht eingelöste Schein war ein Reingewinn für die Stadtkasse.

Die hohe Schwundquote beim Rücklauf der Notgeldscheine resultierte aber nicht nur aus Sammleraktivitäten, sondern auch aus ihrer begrenzten Haltbarkeit. So entwickelte sich der bescheidene Freiburger Schein von 1917 gerade wegen seiner schlechten Material-Qualität zum Segen für die Stadtkasse. Ausgegeben worden waren davon insgesamt 213.500 Stück. Dreieinhalb Jahre später notierte das Rechnungsamt: „Von den 50 Pf Scheinen der ersten Serie (1917er) sind 60.700 nicht eingelöst worden, sodass ein Betrag von 30.350 Mark verfügbar bleibt." 28,4 % (!) der ersten Freiburger Notgeldausgabe waren uneingelöst geblieben.

Was ließ sich aus solchen Erfahrungen lernen? Lokal ausgegebenes Notgeld, ursprünglich dazu bestimmt, den örtlichen Handel am Leben zu erhalten, besaß eine zweite Qualität: Einerseits dringend benötigtes Tauschmittel und „Verkehrsausgabe", betrachteten es viele, die es in die Hand bekamen, nicht als Geld, sondern als Souvenir, das sie als sammelnde Zeitgenossen dem Umlauf entzogen. Diese Erfahrung, dass sich große Teile einer lokalen Notgeldausgabe (auch nach außerhalb!) verkaufen ließen, sollte so manche Stadtverwaltung in der Folgezeit gehörig umtreiben.

VOM NOTGELD ZUM SERIENNOTGELD – DER FALL FREIBURG

Natürlich gewann das örtlich ausgegebene Notgeld auch an technischer und ästhetischer Qualität, je häufiger die Stadtverwaltungen in der Folgezeit mit solchen Projekten befasst waren. Im Falle Freiburgs erschien am 15. Februar 1919 die erste Ausgabe eines neuen, nunmehr blauen 50-Pf.-Gutscheins als Ersatz für die inzwischen arg ramponierten 50-Pf.-Scheine vom Oktober 1917 (die aber noch bis zum 1. Oktober 1920 ihre Gültigkeit behielten). Ausgegeben wurden davon insgesamt 512.400 Stück in mehreren Tranchen („Serie A – F") zwischen Februar und Oktober 1919. Anfangs waren Bedarf und Zuspruch groß, sodass das Stadtrentamt am 30. September 1919 feststellte: „Die 2. Ausgabe unserer 50 Pfennig-Scheine vom 15. Februar ist schon seit einigen Wochen in den Verkehr gebracht, die Nachfrage nach solchen Scheinen immer noch gleich stark. Wir stellen deshalb den Antrag auf Druck einer neuen Serie."

Freiburger 50-Pf.-Gutschein (blau) vom 15. Februar 1919 mit geprägtem Siegel (A-Seite) ...

... und Kontrollziffer auf der B-Seite.

Im Vergleich mit dem Schein von 1917 springen die Fortschritte ins Auge. Der blaue (8,8 x 5,5 cm) ist beidseitig bedruckt und verfügt über eine fünfstellige Kontrollziffer mit Angabe der Serie (A–F). Es findet sich ein exaktes Ausgabedatum (jedoch kein Ende der Gültigkeitsdauer); plastisch hervortretende Siegelprägung, Wasserzeichen in Tropfenform und eine Vielzahl an feingrafischen Elementen tragen zu mehr Fälschungssicherheit bei. Nach einer Aufstellung des Stadtrentamts waren bis zum 4. März 1920 an roten und blauen 50-Pf.-Scheinen insgesamt 713.250 Stück ausgegeben worden. Da davon bereits 155.000 zurückgeflossen seien, befänden sich noch etwa 558.000 im Umlauf, also etwa sechs Stück pro Kopf der Freiburger Bevölkerung.

Zur gleichen Zeit begann man über Ersatz auch für den blauen nachzudenken – zumal man in Freiburg ebenso die Tendenz zum ästhetisch höherwertigen Notgeldschein wahrgenommen hatte: „Die jetzigen 50-Pfennig-Scheine sind bekanntlich nicht gerade Kunstwerke. Das Stadtjubiläum bietet eine günstige Gelegenheit sie

Freiburger Seriennotgeld „mit Erinnerungsfunktion" an das 800-jährige Stadtjubiläum (1120–1920) vom 30. März 1920 in einer einzigen Wertstufe (50 Pf.), aber mit drei verschiedenen Motiven (Münster, Historisches Kaufhaus, Neues Rathaus) und aufgestempelter Kontrollziffer auf der B-Seite. Die A-Seite ist bei allen Scheinen wiederkehrend.

durch schönere zu ersetzen. Die durch eine Neuausgabe entstehenden Kosten würden durch den Verkauf der Scheine an Sammler nicht nur völlig wieder eingebracht, sondern es könnte eine ansehnliche Summe noch als Überschuss erzielt und teilweise zur Deckung der Kosten für die Jubiläumsausstellung verwendet werden. Es kann doch erwartet werden, dass die Mehrzahl der Freiburger Bürger sich solche Scheine zur Erinnerung an das Stadtjubiläum aufbewahrt. Also sollte nun nicht nur ein Entwurf ausgeführt werden, sondern möglichst eine ganze Reihe, damit auch die Einnahme für die Stadt entsprechend groß ist."

Die Anregung zu „mehreren Entwürfen" für eine einzige Wertstufe sei von einem Dr. Keller gekommen, „der in Notgeldgeldsachen eine ganz besondere Erfahrung besitzt, zumal er Herausgeber einer Zeitschrift über Notgeld ist." Dabei handelte es sich mit großer Wahrscheinlichkeit um den schon bald als „Notgeld-Papst" Furore machenden Arnold Keller. Dieser hatte beobachtet, dass schon während des Krieges einige Gemeinden 50-Pf.-Scheine in verschiedenen Varianten ausgegeben hatten, ohne dass jemand daran Anstoß genommen hatte (so etwa die Gemeinden Wunsiedel, Nördlingen oder Königshofen).

Freiburg wagte es nun als erste größere Stadt, gleich drei verschiedene 50-Pf.-Scheine auszugeben, die neben seinen Parade-Bauwerken (Münster, Historisches Kaufhaus und Neues Rathaus) zusätzlich noch den Aufdruck „1120 – 1920“ trugen. Dieser deutliche Hinweis auf die Wiederkehr der Stadtgründung vor 800 Jahren im Juli 1920 machte sie zu Jubiläums-Erinnerungsscheinen mit Sammelwert. Was nun niemand voraussah: Als sie Ende März 1920 erschienen, sollten sie geradezu den Startschuss für die nun landesweit gut zwei Jahre andauernde Periode des sogenannten städtischen Seriennotgelds abgeben. Damit konnte man zwar jeweils vor Ort bezahlen, sollte dies aber – im Sinne der Ausgabestellen – möglichst nicht tun. In Freiburg war somit die Spekulation, den Sammlern nicht nur einen, sondern gleich drei Scheine zu verkaufen (und damit der Stadtkasse nicht nur bescheidene 50 Pf. sondern gleich 1,50 Mark zuzuführen), schon bei der Konzeption und der Gestaltung der Scheine zur Triebfeder geworden. Mit anderen Worten: Man hatte das Seriennotgeld erfunden.

KAPITEL 6
Städtisches Großnotgeld am Ende des Krieges 1918

Man sei von „allen Zahlungsmitteln entblößt". Zu diesem Offenbarungseid kurz vor Kriegsende sah sich die Reichsbank im Oktober 1918 gezwungen. Inständig bitte man in dieser Situation die Städte, unverzüglich bei der Beseitigung des aktuellen Geldmangels zu helfen und alle vor Ort vorhandenen Druckkapazitäten zur Geldherstellung einzusetzen. Die harte Haltung, mit welcher die Reichsbank noch vor Jahresfrist die Ausgabe örtlicher Kleingeldscheine grundsätzlich als verfolgungswerten Straftatbestand angesehen hatten war ‚windelweich' geworden.

Wie konnte es dazu kommen? Warum waren jetzt nicht nur kaum Kleingeldscheine vorhanden, sondern auch viel höhere Wertstufen wie 5, 10, 20 und 50 Mark wie vom Erdboden verschluckt? Warum gelang es nicht, wie zu Anfang des Krieges, die Zahlungsmittelnot durch entschiedene Maßnahmen zu beseitigen?

Staat und Reichsbank sahen sich vom Ende des Krieges überrollt. Hunderttausende von Soldaten kehrten jetzt von den Fronten wieder zurück ins Land und suchten im Zivilleben wieder Fuß zu fassen. Löhne, Unterstützungsleistungen, Invaliden-, Witwen- und Waisenrenten mussten ausgezahlt werden, doch dazu fehlte das Geld. Auf der anderen Seite hüteten viele Menschen gerade gegen Ende des Krieges ihre letzten Restbestände an „gutem" alten Geld. Hans-Otto Eglau schreibt: „Im Vertrauen auf die Wertbeständigkeit des Münzmetalls hielten sie alles erreichbare Hartgeld zurück und zahlten stattdessen mit Papier wo immer es möglich war." Da halfen auch noch so harsche Aufrufe in der Tagespresse nichts, dass diejenigen, die ihr Geld zurückhielten, Vaterlandsverräter seien.

Wie die neue Zweckallianz zwischen der Reichsbank und den Städten vor Ort aussah, zeigt exemplarisch und stellvertretend für viele andere Städte im Land die Korrespondenz, wie sie sich im Stadtarchiv Freiburg erhalten hat: „Am meisten benötigt", so der Wunsch der Reichsbank, „sind Abschnitte in der Größe von 5, 10 und 20 Mark." Zur Erschwerung von Fälschungen schlage man aufgedruckte Nummerierung vor und bitte, unverzüglich an die Herstellung zu gehen ohne sich durch die noch nicht erfolgte Genehmigung der Landesregierung irritieren zu lassen. Die Reichsbank selbst übernehme die Hälfte der Druckkosten (wofür ihr dann auch die Hälfte des jeweils vor Ort hergestellten Geldes zur eigenen Verwendung

Freiburger 5-Mark-„Großnotgeldschein“ vom 1. November 1918 (A-Seite).

Freiburger 20-Mark-„Großnotgeldschein“ vom 1. November 1918 (A-Seite).

überlassen wurde!). Gelten sollte das „Großnotgeld“ so lange, bis sie selbst wieder Zahlungsmittel in ausreichender Menge zur Verfügung stellen könne – ab dem 1. Februar 1919.

In Freiburg – und nicht nur dort – arbeitete man schnell: „Insgesamt werden 8 Millionen ausgegeben. Der Reichsbank werden gegen Gutschrift 4 Millionen übergeben, von denen die Banken 2 Millionen erhalten. Der Rest wird von der Sparkasse übernommen, die an die Banken wieder abzugeben hat.“ Der Druck des Geldes erfolgte wie schon beim 50-Pf.-Schein in der Wagnerschen Druckerei in Freiburg: Es wurden 206.510 Stück 20-Mark-Scheine, 266.600 Stück 10-Mark-Scheine und 282.600 Stück 5-Mark-Scheine, insgesamt also 755.710 Stücke im Nennwert von 8.209.200 Mark produziert.

Im Gegensatz zum primitiven Gutschein von 1917 sahen diese Scheine schon eher wie „richtiges“ Geld aus. Sie waren beidseitig bedruckt und, entsprechend ihrer Wertstufen, von ansteigender Größe (5 Mark: 12,5 x 8 cm; 10 Mark: 13 x 8,5 cm; 20 Mark: 13,7 x 9 cm). Sie besaßen Wasserzeichen (Schippen), Kontrollnummer, Amtssiegel und Unterschrift sowie das geforderte Ablaufdatum. Dennoch trat zum 1. Februar 1919 ein, was schon im Oktober/November 1918 viele befürchtet hatten: Es war der Reichsbank nicht gelungen, in der Zwischenzeit die erforderliche Menge an Zahlungsmitteln herstellen zu lassen, sodass die Gültigkeitsdauer des städtischen Großnotgelds bis zum 1. April 1919 verlängert werden musste.

Im Frühjahr 1919 floss in Freiburg – wie auch andernorts – nach Ablauf der Geltungsdauer ein großer Teil dieser Großnotgeldscheine wieder zurück, laut einer ersten Bilanz vom 8. März waren dies 100 Pakete zu je 20.000 Mark, 45 zu je 10.000 Mark und 55 zu je 5.000 Mark (= 2.675.000 Mark). Wie man mit den entwerteten Geldbergen zu verfahren habe, verkündete ein Rundschreiben des Ministers für Handel und Gewerbe den Städten dann im April 1919: Die ausgegebenen Ersatzwertzeichen seien vor Ort zu vernichten. Wie das jedoch zu bewerkstelligen sei, bleibe den Kommunen anheimgestellt. Die Reichsbank selbst habe in der Vergangenheit die Scheine entweder „karbonisiert“ oder „durchlocht“. Ihre Kapazitäten seien aber erschöpft, da inzwischen „viel zu viel Geld im Umlauf“ sei. Vom Verbrennen rate man ab, weil dabei zu viele Scheine aus dem Schornstein geschleudert oder unvollständig verbrannt würden.

Wie ging man in Freiburg mit dieser Forderung um? Angesichts der unklaren Rechtslage entschloss man sich dazu, sie zu ignorieren und das mit großem Aufwand produzierte Großnotgeld (heimlich) aufzubewahren – um für einen möglichen Bedarf in Zukunft gerüstet zu sein. Dieser trat denn auch im September 1922 zu Beginn der Hochinflationsphase ein, nachdem die Stadtverwaltung soeben einen 500-Mark-Schein hatte ausgeben lassen, am Tag darauf aber feststellen musste, dass zu wenig Zahlungsmittel in den Umlauf gelangt waren (siehe Kapitel 12). Und so tauchten jeweils 28.000 Stück der im November 1918 hergestellten 5-, 10- und 20-Mark-Scheine aus dem Depot der städtischen Sparkasse im September 1922 wieder auf und wurden, mit einem entsprechenden Aufdruck (über die Verlängerung ihrer Gültigkeit) versehen, erneut in den Verkehr gebracht!

Lässt man die am Ende des Krieges überall in Deutschland hergestellten Großnotgeldscheine Revue passieren, zeigt sich, wie sehr sie sich von den Kleinnominalen der Jahre 1916 bis 1918 abheben. Dass dieses Großnotgeld mit dem ausdrücklichen Segen der Reichsbank produziert wurde, dokumentiert sich sehr deutlich in seiner Gestaltung und seinem Auftritt: Es kommt nicht mehr verdruckst und wie mit schlechtem Gewissen hergestellt daher wie die Kleingutscheine zuvor, sondern selbstbewusst und seriös. Besondere den lokalen Verhältnissen geschuldete Motive und Sinnsprüche finden sich nur noch in Ausnahmefällen.

Erstaunlicherweise sollte aber auch ein großer Teil des Großnotgelds in den Alben der Sammler landen bzw. nicht eingelöst werden – obwohl diese Scheine doch deutlich mehr Kaufkraft besaßen als die Kleingutscheine der Kriegszeit und als Zahlungsmittel im Alltag dringend benötigt wurden. Dennoch wusste die Zeitschrift „Das Notgeld“ Ende 1922 zu berichten: „Gute Geschäfte hat die Stadt Freiburg i. Br. mit ihren Großgeldscheinen gemacht. Trotz eines im März 1919 erlassenen Auf-

20-Mark-Großnotgeldschein aus Elberfeld (heute Stadtteil von Wuppertal, A-Seite).

20-Mark-Groß-notgeldschein aus Dresden (A-Seite).

rufs sind nicht mehr zurückgekehrt: 431 Scheine zu 20 Mark = 8620 Mark, 400 zu 10 Mark = 4000 Mark und 600 zu 5 Mark = 3000 Mark, zusammen 15.620 Mark. Dieser Betrag dürfte die Druckkosten wesentlich übersteigen. Die Scheine werden nun nicht mehr eingelöst.“

Wie mussten sich die Direktoren der Reichsbank gefühlt haben, die noch vor Jahresfrist die Städte mit möglichen Strafverfolgungen wegen der Ausgabe lumpiger 50-Pf.-Scheine traktierten und die jetzt diese Städte anflehten, Geldnoten bis zum Hundertfachen dieses Betrages schnellstens zu liefern?

KAPITEL 7 Wie das (Serien-)Notgeld zu erzählen und Kasse zu machen lernte

Arnold Keller, der „Notgeld-Papst", merkt an, die mit drei verschiedenen Motiven bedruckten 50-Pf.-Scheine aus Freiburg seien noch nicht als Seriennotgeld empfunden worden. Dennoch: Sie waren es gewesen, die das Rezept dazu vorgegeben und gezeigt hatten, wie man z. B. ein Stadtjubiläum zum Anlass nimmt, seine offiziell als reguläre „Verkehrsausgabe" emittierten Scheine mit so viel Sammelwert auszustatten, dass möglichst viele davon nicht eingelöst wurden und einen erklecklichen Gewinn in die Stadtkasse spülten. Nun hatte man in Freiburg kein Problem bei der Suche nach attraktiven Motiven mit Ortsbezug. Mit dem gotischen Münster, dem Historischen Kaufhaus und dem Neuen Rathaus verfügte man über großartige Bauwerke, die sich wie von selbst anboten, Geldscheine zu schmücken.

Die erste Version der Krebs-Saga auf einem nachlässig gemachten Schein vom Juni 1920 (B-Seite).

Ein weiterer Schein (B-Seite von insgesamt sechs) der Nörenberger Krebs-Saga zeigt, wie eine Jungfer vom Krebs verfolgt wird.

Nörenberg dagegen ist ein kleiner Flecken im heutigen Westpolen, über den es kaum etwas Interessantes zu berichten gibt, außer vielleicht, dass er an einem See liegt, in dem schmackhafte Flusskrebse leben. „Wer hat wohl früher dieses kleine Städtchen gekannt, das – nur durch die Kleinbahn Karlshagen-Janikow an das Schienennetz unserer großen Verkehrslinien angeschlossen – im Kreise Stargard in Hinterpommern abgeschieden liegt?", schreibt Gustav Prange und fährt fort: „Heute ist der Name Nörenberg allen Notgeldsammlern geläufig."

Um diesen Enzig-See rankte sich nun eine Heimatsage, die von einem riesigen Krebs berichtet, der besonders gefährlich geworden sei, wenn er Dorfbewohner beim Fischen überraschte. Als er bald darauf den See verließ, um zuerst die Stadtmauer und dann sogar einen Teil des Kirchendaches anzuknabbern, habe man ihn schließlich gefangen und angepflockt. Doch er habe sich losgerissen und sei, auf einem Pferd davonreitend, für immer entschwunden.

Die Sage vom großen Krebs sollte ab Juni 1920 das Notgeld der Stadt zieren, zuerst auf einem als Verkehrsausgabe dienenden Einzelschein, um schließlich zu einer acht Scheine umfassenden Serie ausgebaut zu werden, welche die Geschichte häppchenweise erzählte. So präsentiert der 25-Pf.-Wert den gesottenen Krebs auf einer Fruchtschale, der 50-Pf.-Schein zeigt ihn, eine Jungfer verfolgend, die er beim Krebsen erwischt hat. Auf dem 75-Pf.-Schein ist er selbst auf der Flucht.

Gehörigen Anteil an der Umsetzung dieses Projekts hatte die Druckerei Dulce im sächsischen Glauchau. Sie druckte die Scheine und registrierte offenbar ein lebhaftes Interesse der Sammler. Und sie wusste den Markt zu bedienen und produ-

Bilderbogen der Firma Gustav Kühn aus Neuruppin von ca. 1895.

zierte – an der Stadtverwaltung von Nörenberg vorbei – zahllose Farb- und Nummern-Varianten, die vor allem auf das Interesse der auf „Fehldrucke" versessenen Sammler stießen. Insgesamt habe es am Ende 48 verschiedene Varianten gegeben. In der Zeitschrift „Das Notgeld" vom März 1921 bezeichnete Arnold Keller sie als

„Spekulationsausgabe allerübelster Sorte, dazu nicht einmal von künstlerischem Werte“, und fährt fort: „Wir hoffen, dass diese Spiel-Ausgabe vereinzelt bleibt, und werden über derartige Erzeugnisse nicht mehr berichten.“ Im Endeffekt wurden von der letzten Serien-Ausgabe (Mai 1921) 10.000 Stück des 75-Pf.-Werts und je 15.000 Stück zu 25 und 50 Pf. verausgabt, „weit mehr als am Ort selbst gebraucht wurde.“

Selbst eine unbedeutende Gemeinde konnte also im entstehenden Seriennotgeldmarkt gut mithalten, wenn sie es verstand, über eine zur Bildergeschichte verarbeitete Sage eine attraktive Ware mit Alleinstellungsmerkmal zu erzeugen. Dass es von hier aus zum „Erfinden“ von Geschichten, die reine Fantasieprodukte sind, nicht mehr sehr weit war, zeigt der Fall der spektakulär daherkommenden „Belgarder Totenkopfreiter“-Serie, über die es keinen historischen Beleg gibt.

Dass auf Geldscheinen ganze Geschichten, geschickt in einzelne Phasen zerlegt, erzählt wurden, entfaltete einen bis dahin ungekannten Reiz. Mancher, der zuvor Briefmarken gesammelt hatte, verlegte sich spontan auf dieses Gebiet, weil es ihm unterhaltsamer, lehrreicher und um vieles lebendiger erschien. Der Wechsel mochte ihm umso leichter fallen, da ihm hier, wie bei den Briefmarken, die aufgedruckten Beträge Wertbeständigkeit zu vermitteln schienen – selbst dann noch, wenn die Scheine ihre Gültigkeit längst verloren hatten, sich aber auf dem Sammlermarkt offensichtlich noch immer bestens verkaufen ließen.

Das Verfahren, Geschichten auf diese Weise zu erzählen, war freilich nicht neu, sondern speiste sich formal wie inhaltlich aus den Erzähltraditionen der Bilderbogen des 19. Jahrhunderts. Dies meint zum einen die Form des Erzählens selbst, ein Thema über sechs, acht oder zwölf Stationen (meist in Versform) zu entfalten und es zugleich auf farbigen Bildtafeln illustriert zu begleiten, es meint aber ebenso die Stoffe, die von historischen, belehrenden, unterhaltenden Sagen und Anekdoten bis hin zu Schauergeschichten die diversesten Themen aufgriffen. Lediglich die Art der Verbreitung wird in den frühen 1920er Jahren eine andere und erfolgt jetzt über das Medium „Geld“ und den Markt der Sammler.

Im 19. Jahrhundert waren es meist Bänkelsänger gewesen, welche die Bilderbogen unter das Volk gebracht und so für deren Verbreitung gesorgt hatten. Von Ort zu Ort ziehend, unterhielten sie, auf ihrem Bänkel stehend, ihre Zuhörer mit attraktiven Geschichten, die sie singend und deklamierend vortrugen. Zur optischen Unterhaltung des Publikums führten sie dazu ausgewählte Szenen der jeweiligen Geschichte mit sich und entfalteten diese auf einem Rollo. Nach ihren Vorstellungen verkauften sie diese als Einblattdrucke in kleinerem Format zum Nachlesen. Es kommt nicht von ungefähr, dass das Vorbild Wilhelm Buschs, der, bevor er ab den 1870er Jahren seine großen Bildergeschichten schrieb, sich als Mitarbeiter der fliegenden Blätter zuvor in der kleinen Form des Bilderbogens jahrelang geschult hatte, in und auf den Seriennotgeldscheinen der 20er Jahre formal wie inhaltlich sehr häufig wiederkehrt.

Im Dezember 1920 zeigte die Stadt Naumburg mit ihrer Hussiten-Serie, wie sich die Idee des Seriennotgelds weiter perfektionieren ließ. Dazu gehörte, als erste Maß-

B-Seite eines 50-Pf.-Seriennotgeldscheins (Motiv 11 von insgesamt 18!) der Gemeinde Glashütte mit über ein Busch-Zitat (aus „Tobias-Knopp", Teil 3 „Julchen") realisierter Werbung für die örtliche Uhrenindustrie.

nahme, die Zahl der Scheine der Serie von drei auf sechs zu erhöhen, womit (bei noch konstant gehaltenem 50-Pf.-Wert pro Schein) schon ihr Nennwert auf 3 Mark anstieg. Sechs Scheine waren zudem auch im Hinblick auf die Ausnutzung des Druckbogens ideal. Als zweite Maßnahme bot sich an, ein Motiv zu finden, das als übergreifende Idee alle Scheine der Serie in Wort und Bild regierte und sie so eng als möglich miteinander verzahnte. Die Naumburger wählten dazu als ihr Alleinstellungsmerkmal die Verse des bekannten Hussiten- bzw. Kirschfestliedes von Karl Friedrich Seyferth („Die Hussiten zogen vor Naumburg ...") und verteilten diese so geschickt auf die einzelnen Scheine, dass es für keinen Sammler Sinn machte, nur einen oder zwei davon zu erwerben. Der dritte Coup war eine für die damalige Zeit grafische Innovation. Erstmals waren die handelnden Figuren auf den einzelnen Scheinen als Silhouetten in Scherenschnitttechnik (von Walter Hege gestaltet) ausgeführt. Für die nun Fahrt aufnehmende Seriennotgeld-Periode sollten die Naumburger Scheine ein Stilmuster vorgeben, dem schon bald viele Dutzend anderer Städte im Land folgten. Der Verkaufserfolg der Serie übertraf bald alle Erwartungen. Nach kurzer Zeit wusste die Presse landesweit zu berichten, die Stadt habe damit eine Million Mark verdient. In der Tat sah man sich dort über die aus den Notgeld-Verkäufen zufließenden Erlöse in der Lage, das Rathaus für 900.000 Mark zu renovieren. Und als gar noch kolportiert wurde, dass ein kompletter Satz der Naumburg-Serie in Sammlerkreisen mit 180 Mark gehandelt werde, gab es kein Halten mehr.

Das Seriennotgeld explodierte deutschlandweit. Immer mehr Gemeinden drängten jetzt mit eigenen Serien auf den Markt. Zeitschriften wie „Notgeld-Sammlermarkt" oder „Notgeld-Börse" wurden gegründet und fanden reißenden Absatz, Druckereien machten den Stadtverwaltungen verlockende Angebote, wie viel sich mit besonders schön gestalteten Serien verdienen ließ, Händler ermunterten reihenweise Gemeinden, möglichst schnell eigenes Notgeld zu drucken (und es über sie zu vertreiben), Buchhändler begannen, allwöchentlich die neuesten Scheine in ihren Schaufenstern auszustellen. Im Wettrennen um ein möglichst großes Stück vom Kuchen überboten sich Städte und Gemeinden in der Folgezeit in immer aufwändiger gestalteten, immer spektakuläreren Scheinen. Von Monat zu Monat wurden die Motive skurriler, die Sprüche auf ihnen frecher. Immer mehr Botschaften wurden den Scheinen aufgepackt, wenn sie zugleich die Stadt preisen, die örtliche Industrie bewerben und auch noch

Kompletter Satz aller sechs Scheine der Notgeldserie der Stadt Naumburg (B-Seiten) mit den darauf verteilten Strophen des Hussiten- bzw. Kirschfestliedes von Karl Friedrich Seyferth (1809–1865).

Einheitlich von Heinz Schiestl gestaltete A-Seite der Naumburg-Serie mit dem Hussitenlied.

den Fremdenverkehr ankurbeln sollten. Der Boom machte selbst vor kleinsten Orten, von denen zuvor noch nie jemand etwas gehört hatte, wie Alten- und Frauenbreitungen, Igelshieb, Ziegenrück oder gar einer Hallig wie Langeneß-Nordmarsch, nicht Halt.

Ein eindrückliches Beispiel für die Bandbreite an Notgeld-Ausgaben einer einzigen Gemeinde zeigen die 14 (!) Serien der Kleinstadt Kahla zwischen 1920 und 1922. Das heute knapp 7.000

A-Seite eines Serienscheins (Schein 3 von 5) aus Igelshieb (seit 1923 ein Ortsteil von Neuhaus am Rennweg) am Rennsteig.

A-Seite einer 3er-Serie aus Ziegenrück im Saale-Orla-Kreis (um 1921 etwa 1.000 Einwohner).

Einwohner (1921 ca. 5.000) zählende Städtchen, 20 km südlich von Jena im heutigen Saale-Holzland-Kreis gelegen, war schon damals aufgrund seiner Porzellan-Manufaktur überregional bekannt. Neben mehreren Serien mit Ansichten von Stadt und Umland gab der Magistrat der Stadt eine Dreier-Serie heraus, die für das am Ort hergestellte Porzellan warb („Kahla versorgt für billig Geld / mit Porzellan die ganze Welt"), eine andere erzählte die Skandalgeschichte vom fahrenden Wanderprediger Friedrich Muck-Lamberty (der auf der Leuchtenburg oberhalb von Kahla minderjährige Mädchen geschwängert hatte), eine weitere – pünktlich zum Weihnachtsgeschäft 1921 – die Geschichte der Geburt Jesu auf sechs Scheinen. Zu den interessantesten Scheinen Kahlas gehörte aber die 12er-Serie mit aktuellen Daten und Zahlen aus Politik und Wirtschaft. Auf der jeweils wiederkehrenden Vorderseite verkündete ein Arbeiter pathetisch: „Was das Schicksal uns zerbrach, neu erstehe nach und nach ... traget Steine zu dem Bau, deutscher Mann und deutsche Frau ..." Die traurige Wirklichkeit des Jahres 1921 dagegen illustrierten die Rückseiten mit diversen Diagrammen und Grafiken zu Geldwertentwicklung, Verkleinerung des Reiches oder Kindersterblichkeit in Deutschland. (Vgl. auch S. 18.)

10-Pf.-Wert der B-Seite einer 3er-Serie mit Ortsansichten der Gemeinde Kahla.

B-Seiten des 25- und 50-Pf.-Werts einer am 15. August 1921 ausgegebenen 3er-Serie mit versifizierter Werbung für die Kahlaer Porzellan-Industrie.

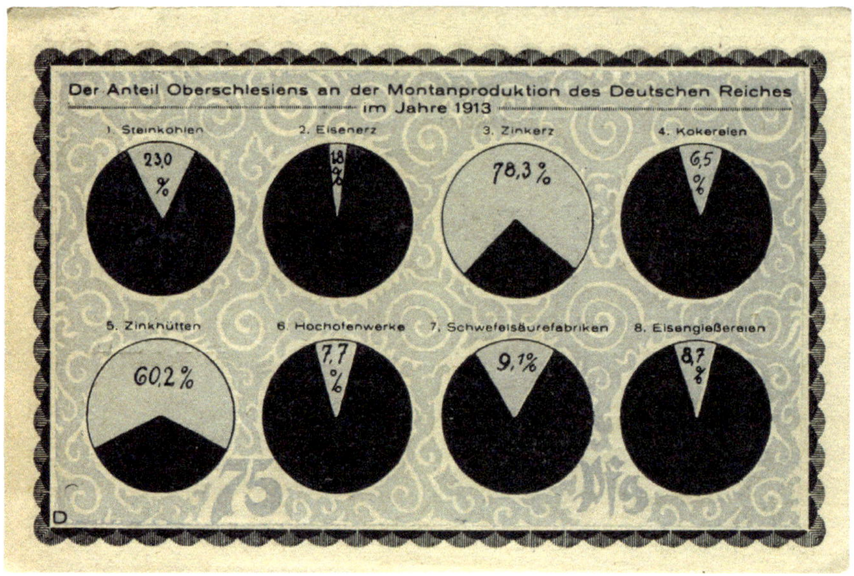

B-Seite des Scheins 12 (von 12) mit Kuchendiagrammen zur Bedeutung des Ende 1921 Polen zugeschlagenen oberschlesischen Industriegebiets für das Deutsche Reich (im Vergleich zum Stand von 1913).

Im Vergleich mit den Notgeldausgaben anderer Gemeinden geradezu spektakulär erscheinen auch die sechs Motive der vom bekannten Grafiker Olaf Gulbransson (1873–1958) gestalteten, bitterbösen Satire-Serie („Starkbier macht einig!“; „Menetekel in Paris“). Vgl. auch S. 92.

Hinzu kam noch eine Serie mit fotografischen Ansichten der ortsnahen Leuchtenburg „aus der Fliegerperspektive“ – deren Wirt seinerseits drei Notgeld-Scheine mit Hexen- und Walpurgisnacht-Motiven drucken ließ. Aber nicht nur die Kommune in Gestalt des rührigen Verkehrsamtsleiters Rudolf Presuhn, auch andere am

Olaf Gulbranssons bitterböse Vice-versa-Satire auf das „Mut-Antrinken“ in der Krise: zwei B-Seiten einer 6er-Serie der Stadt Kahla (Ausgabedatum: 1. Dezember 1921; Einlöseschluss: 31. Dezember 1921!).

WIE DAS (SERIEN-)NOTGELD ZU ERZÄHLEN UND KASSE ZU MACHEN LERNTE

Ort ansässige Akteure wie der Sportverein oder der Schachklub als Veranstalter des thüringischen Schachturniers traten mit eigenen Notgeld-Serien, die mitunter auch politische Botschaften vermittelten, hervor. Und schließlich war die Ausrichtung der „Deutschen Notgeldausstellung“ auf der Leuchtenburg vom 5. bis 11. September 1921 („Das Notgeld des Notgelds“) ein weiterer Anlass, einen besonderen Schein auszugeben: „An der Saale hellem Strande Notgeld fliegt – ein ganzes Heer. Wenn die Werte auch verfallen, freut sich doch der Sammler sehr“. Insgesamt konnte ein Sammler 45 verschiedene Notgeldscheine allein aus Kahla für knapp 24 Mark erwerben – und für weitere 13 Mark die Serie des Sportvereins (6 x 50 und 6 x 75 Pf.), des Thüringer Schachbunds (6 x 75 Pf.) und des Leuchtenburg-Wirts. Anfang 1922 bezifferte sich der Reingewinn der Stadt Kahla allein aus Notgeldverkäufen auf stolze 168.762,30 Mark.

Wiederkehrende A- und eine B-Seite (hier Szene aus einer Fußballpartie) einer aus zwölf Scheinen bestehenden Serie des Sportvereins Kahla (6 x 50 und 6 x 75 Pf. = 7,50 Mark).

Als Polit-Satire auf den als Diktat empfundenen Wilson-Frieden gestaltete B-Seite eines vom Thüringischen Schachbund herausgegebenen 75-Pf.-Scheins einer 6er-Serie. Deutschland (weiß) hat die „Welt-Schachpartie" (= den Krieg) längst verloren, Heer und Flotte sind zerstört, Schlesien, Posen, Ost- und Westpreußen aus dem Feld geschlagen.

Auf der B-Seite des zur Notgeldausstellung ausgegebenen Scheins speit der Notgelddrache unendlich viele Scheine auf die Sammler …

WIE DAS (SERIEN-)NOTGELD ZU ERZÄHLEN UND KASSE ZU MACHEN LERNTE

Inzwischen sorgten deutschlandweit mehr als 15.000 Sammler des harten Kerns dafür, dass das Seriennotgeld (fast) zum Wirtschaftsfaktor geworden war. Schaut man sich die Scheine der zweiten Jahreshälfte des Jahres 1921 an, so fällt auf, dass die 75-Pf.-Wertstufe längst zum Standard geworden war. Damit lag diese Kleinnominale zwar immer noch deutlich unter der problematischen Schwelle von 1 Mark, steigerte gleichzeitig aber den in die Stadtkassen abfließenden Gewinn pro Stück um 50 %. Im Geschäftsleben vor Ort hingegen wäre ein 75-Pf.-Wert nicht nur unpraktisch, sondern eher hinderlich gewesen. Insofern kann allein schon diese sich jetzt rasant ausbreitende Wertstufe als untrügliches Zeichen dafür hergenommen werden, dass es sich um einen Serienschein und nicht um eine Verkehrsausgabe handelte. Spätestens im Sommer 1921 bedeutete auch die Schamschwelle von 1 Mark pro Schein kein Hindernis mehr. Ein Beispiel dafür ist die oben genannte Serie der Hallig Langeneß-Nordmarsch, deren sechs Scheine auf Wertstufen von 20, 30, 50, 75 Pf., 1 und 2 Mark lauteten, dem Sammler also insgesamt 3,75 Mark abverlangten – ohne die womöglich noch hinzukommenden, inzwischen fast überall üblich gewordenen Verwaltungsgebühren, Porto- und Verpackungskosten etc.

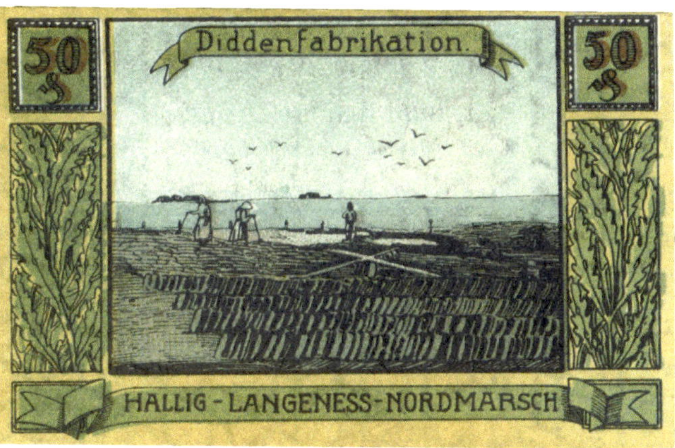

Auf den zwei (von insgesamt sechs) B-Seiten der Scheine Langeneß-Nordmarsch zeigen sich Hallig-Bewohner überaus selbstbewusst. Einerseits stehen sie treu zu Deutschland („Liver duad as Slav"), andererseits sind sie stolz auf ihre Selbstständigkeit, produzieren sie doch ihr eigenes Heizmaterial (Didden, = getrocknete Kuhfladen) und ernähren sich vom (Krabben-/)Fischfang.

KAPITEL 8
Seriennotgeld als Deutschland-Erzählung

Während des Krieges hatte der Schwerpunkt der Notgeldproduktion in Süddeutschland gelegen. „Die kleinsten Bayerischen Gebirgsstädte haben das gediegenste Notgeld und oft in erstaunlich hohen Auflagen herausgebracht", schreibt Gustav Prange, und fährt fort: „In der Folge sind sie noch erheblich übertrumpft worden von den Fischerdörfern Schleswig-Holsteins, die damit Unsummen verdient haben." Ab Anfang 1920 verlagerte sich das Zentrum der spektakulärsten Notgeldemissionen nach Schleswig-Holstein, wenig später nach Ostpreußen und Oberschlesien. Vor dem Hintergrund der in diesen Gebieten stattfindenden Volksabstimmungen zwischen Februar 1920 und März 1921 über deren weitere Zukunft (entweder als Teil Deutschlands oder Polens) wurde es jetzt zum gern genutzten Mittel in einer erbitterten Propagandaschlacht. Ab 1921 – das Notgeld entwickelte sich in diesem Jahr flächendeckend zum Seriennotgeld weiter – wanderte der Schwerpunkt in den mitteldeutschen Raum, nach Thüringen, Sachsen-Anhalt und in den Harz. Allein in Thüringen (in seinen heutigen Landesgrenzen) gaben etwa 140 Gemeinden Seriennotgeld aus.

Auch die vorherrschenden Themen wurden jetzt andere: Historische Stoffe, örtliche Sagen, skurrile Begebenheiten, Leben und Wirken großer Persönlichkeiten, Fremdenverkehrswerbung sowie Werbung für die am Ort hergestellten Erzeugnisse nahmen nun immer breiteren Raum auf den Scheinen ein, ebenso die Sichtung und Verwertung des kulturellen und literarischen Erbes. Ende 1921 erregte schließlich das Notgeld Mecklenburgs Aufsehen im Rahmen einer von Schwerin aus gelenkten Aktion durch das sogenannte „Reutergeld"; dabei wurden auf insgesamt 210 Scheinen von 70 Gemeinden Mecklenburg-Vorpommerns Zitate aus dem Werk des mecklenburgischen Heimatdichters Fritz Reuter (1810–1874) wiedergegeben. Satiren auf die Geldnot hingegen begleiteten örtliche Notgeldausgaben in ganz Deutschland über den gesamten Zeitraum von der Mitte des Krieges, also von etwa 1916 an, bis zum durch Reichsgesetz verfügten Ende des städtischen Seriennotgelds im Juli 1922. Es lassen sich fünf Schwerpunkte im Hinblick auf die dominierenden Thematiken ausmachen. Notgeld als:

1 Propagandamedium
2 Fremdenverkehrswerbung
3 Waren- und Produktwerbung
4 Dokumentation deutscher Geschichte und Kultur
5 (satirischer) Kaufkraft-Diskurs

PROPAGANDAMEDIUM

Im Februar und März 1920 fanden in Schleswig-Holstein – in zwei Zonen, einer südlichen und einer zum heutigen Dänemark gehörenden nördlichen – zwei Plebiszite statt. Hier sollte die Bevölkerung darüber abstimmen, ob sie in Zukunft zu Deutschland oder zu Dänemark gehören wollte. Im Endergebnis (Abstimmung im Gebiet Nordschleswig am 10. Februar 1920) verschob sich die nördliche Landesgrenze Deutschlands um etwa 60 km nach Süden, da sich in diesem Gebiet die Mehrheit für einen Anschluss an Dänemark aussprach. Zum Verbleib bei Deutschland hingegen votierte die Mehrheit der Menschen, die zwischen Sylt und Flensburg lebten, vier Wochen später (Abstimmung im Gebiet Südschleswig am 14. März 1920).

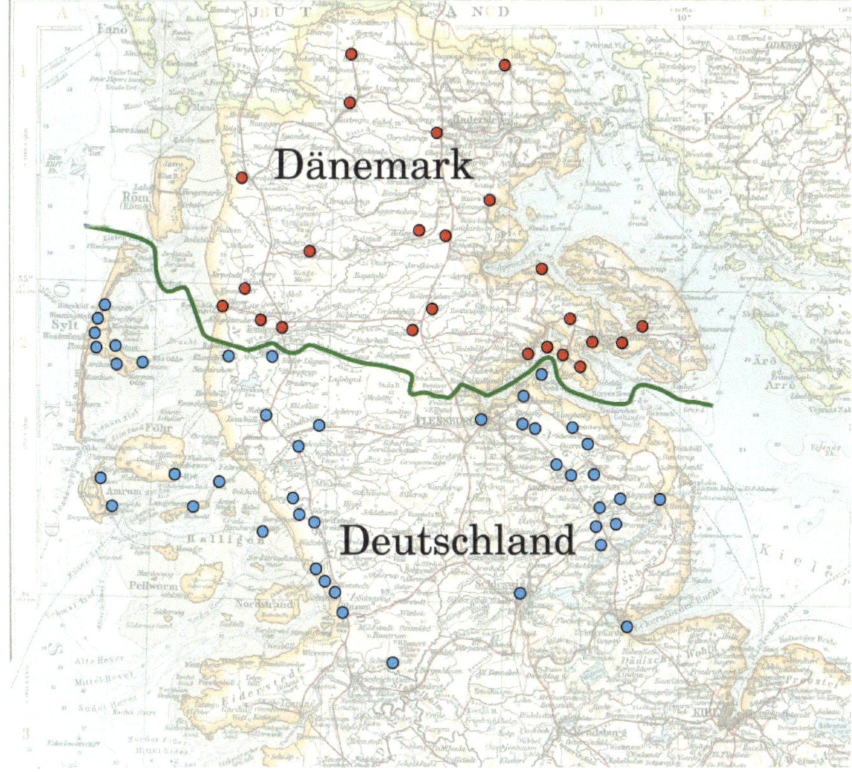

Karte des Abstimmungsgebiets in Schleswig-Holstein 1920/21 mit über 60 eingezeichneten Orten, die Notgeld (meist propagandistischen Inhalts) ausgegeben haben.

B-Seite eines 1-Mark-Notgeldscheins der Gemeinde Gramby (etwa 40 km nördlich von Flensburg, heute Dänemark) von 1920 mit antidänischer Propaganda, der das „Plebiscit März 1920“ (auf der A-Seite genannt) thematisiert. Der Däne, der hier wie ein Jude dargestellt wird, weist die Siegermächte Frankreich und England an, wo sie dem Deutschen Reich ein Stück Land abschneiden sollen („klip here“).

Die A-Seite des Notgeldscheins der Gemeinde Broacker (heute: Broager) mit prodänischer Propaganda feiert den Anschluss an Dänemark durch das Plebiszit am 10. Februar 1920, mit deutlichem Dank an die Siegermächte Frankreich und England. Die B-Seite verkündet unter der Losung und dem Danebrog: „Ved Genforeningen med Danmark sker Folkets ret flydest“ („Bei der Wiedervereinigung mit Dänemark erfährt das Volk Gerechtigkeit“).

Die Notgeldscheine dieser „Fischerdörfer“ bieten lebendigen Anschauungsunterricht, wie aufgeheizt die Stimmung im Umfeld der beiden Plebiszite im Frühjahr 1920 war. Es gab kaum einen Schein, dem man das Urteil ausstellen könnte, er sei propagandafrei gewesen. In dieser erbitterten Meinungsschlacht ging es aber keineswegs nur um den neuen Grenzverlauf, sondern ebenso sehr um Identität und Selbstwertgefühl der hier lebenden Menschen.

Beschworen die einen im Zeichen der mystischen Doppeleiche die Unteilbarkeit Schleswigs („up ewig ungedeelt“) herauf, so waren andere froh, durch den Kriegsausgang endlich vom Joch der Deutschen und ihrer Fremdherrschaft befreit worden zu sein, und hielten diesen nun stolz ihren Danebrog (dänische Nationalflagge) entgegen.

Den Deutschland-Treuen wiederum blieb neben trotzigem Widerstand („Liver duad as Slav“) nur die Erinnerung an die Vergangenheit wie etwa die gewonnene Schlacht von Eckernförde 1849 oder den Sieg Preußens im dänisch-deutschen Krieg 1864 mitsamt der damaligen Ausdehnung Preußens nach Norden.

SERIENNOTGELD ALS DEUTSCHLAND-ERZÄHLUNG

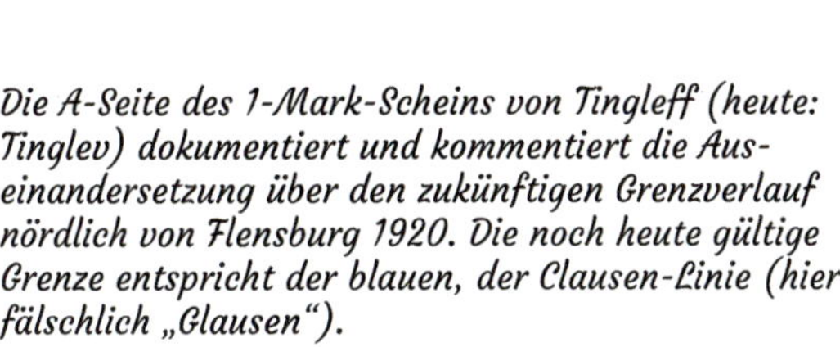
Die A-Seite des 1-Mark-Scheins von Tingleff (heute: Tinglev) dokumentiert und kommentiert die Auseinandersetzung über den zukünftigen Grenzverlauf nördlich von Flensburg 1920. Die noch heute gültige Grenze entspricht der blauen, der Clausen-Linie (hier fälschlich „Glausen").

Die B-Seite des 1-Mark-Scheins einer 3er-Serie aus Eckernförde zeigt den Angriff dänischer Kriegsschiffe auf die Stadt am 5. April 1849, die A-Seite deren erfolgreiche Bekämpfung und Versenkung unter der Losung: „An uns dütschen Strand wo wie tagen sünd und born het kein Dän und keen Düwel wat verlorn."

In der aktuellen Situation des Frühjahrs 1920 speisten sich, wie etwa auf Scheinen der Gemeinde Husbyholz bei Flensburg, viele antidänische Ressentiments aus der jetzt stark auseinanderdriftenden Wirtschaftsentwicklung:

> *„Die danske Kron ist groß geworden,*
> *das merken wir in Deutschlands Norden,*
> *denn alles was zu haben ist,*
> *der liebe Nachbar in sich frisst."*

Die Intensität der Auseinandersetzung spiegelte sich vor allem in der außerordentlich großen Anzahl kleiner und kleinster Gemeinden bis hinunter zu Kirchspielen (über 40 auf südschlesischer, über 25 auf nordschlesischer Seite) wider, die sich, gemessen an ihrer Einwohnerzahl, am Meinungskampf mit einem gewaltigen Papier-Ausstoß beteiligten. Allein auf Sylt gaben sieben Inseldörfer eigene Notgeldscheine aus. Dass sich diese Gutscheine auch im Landesinneren Deutschlands gut verkaufen ließen, weil sie den mutigen Kampf der Landsleute im hohen Norden um ihre Selbstbestimmung so lebensnah vor Augen führten, liegt auf der Hand.

Natürlich suchten nun, von der Aussicht auf schnellen Gewinn angezogen, auch Geschäftemacher auf der Welle mitzuschwimmen. Zu diesen gehörte etwa der Drucker Heinrich Appel aus Süderbrarup, der als treibende Kraft nicht nur hinter den Ausgaben mancher Gemeinde in seiner Nachbarschaft stand (etwa der Dörfer Steinfeld, Quern und Süderbrarup selbst), sondern durch etliche in seiner Werkstatt hergestellte Fantasie-Scheine in Sammlerkreisen bald unrühmliche Bekanntheit erlangte. Das erbitterte Tauziehen um den Grenzverlauf und den deutschen Sieg im südlichen Teil Schleswig-Holsteins bei der Abstimmung am 14. März 1920 veranschaulicht sehr plastisch eine kleine 3er-Serie aus Flensburg.

B-Seiten einer 3er-Serie aus Flensburg, die das erbitterte Tauziehen zwischen dänischen und deutschen Landsmannschaften zeigt. Sie feiert den deutschen Abstimmungssieg am 14. März 1920 in einer Siegesfeier („Flensburg deutsch") und einem „vereinigten" Fahnenmeer aus den schleswig-holsteinischen Landes- (blau-weiß-rot) und den alten Reichsfarben (schwarz-weiß-rot).

SERIENNOTGELD ALS DEUTSCHLAND-ERZÄHLUNG

Die B-Seite eines 10-Pf.-Scheins aus Allenstein (Ostpreußen) zeigt das als demütigend empfundene Brotbacken für die Russen in den Anfangstagen des Ersten Weltkriegs.

Wenige Monate später, am 11. Juli 1920, sollte in Ostpreußen die nächste Volksabstimmung folgen. Dabei ging es um einen möglichen Anschluss an Polen. Doch geradezu triumphal vermeldete jetzt eine ostpreußische Stadt nach der anderen das einstimmige Votum ihrer Einwohner zum Verbleib bei Deutschland. Dabei wuchs sich die frohe Botschaft auf jeweils ganz eigene Weise zu Bildern und Worten aus. Allenstein (heute: Olsztyn) gab einen historischen Rückblick auf die Anfangstage des Krieges und erinnerte an das als demütigend empfundene „Brotbacken für die Russen in der Nacht vom 27. zum 28. August 1914".

Unter dem Kopernikus-Porträt wird nun die neue bzw. wiedergewonnene Freiheit beschworen: „Wir sind deutsch und bleiben deutsch". Arys (heute: Orzysz) verkündet: „Masovia, lebe, mein Heimatland!", und versteigt sich auf der Rückseite zu einem Reim auf „Masuren" im Genitiv: „In allen Gauen Masurens, / Zur Freude die Deutschen erfuhren's, / dass Arys Land – auch Stadt / nicht eine polnische Stimme hat."

A- und B-Seite eines 50-Pf.-Scheins einer 3er-Serie aus Arys (Ostpreußen).

25-Pf.-B-Seite von einer 3er-Serie aus Bialla mit beschwörenden Erinnerungen an das Plebiszit in Ostpreußen und seinen Ausgang am 11. Juli 1920.

B-Seite des 10-Pf.-Scheins einer 3er-Serie aus Marienburg mit Erinnerung an den Abstimmungssieg und dem Choral Martin Rinckarts: „Nun danket alle Gott!“

Nicht weniger stolz preist sich Bialla (heute: Biała Piska) als „deutsche Stadt, die keinen einzgen Polen hat. Durch den Weltkrieg wurde sie bekannt, den Russen man hier die ersten Geschütze entwandt.“ Und fügt gleich auch ein denkwürdiges Datum an: „Am 2. August 14 nahm der Weltkrieg hier seinen Anfang. Am 9. August wurden hier die ersten Geschütze erobert, die in Berlin vor dem Schloss Aufstellung fanden. Am 11. Juli 20 wurde hier rein deutsch gestimmt.“

Gilgenburg (heute: Dąbrówno) hielt es dagegen kurz und knapp: „Durch unseren Willen blieben wir deutsch!“ Marienburg (heute: Malbork) wiederum vergaß nicht den göttlichen Beistand beim Plebiszit zu erwähnen in Martin Rinckarts (1586–1649) bekanntem Choral: „Nun danket alle Gott … 11. Juli 1920 deutsch“, und ließ zudem den Historiker Heinrich von Treitschke sprechen: „Selbst in den trübsten Tagen ist in diesem Grenzvolk ein Hauch deutschen Geistes lebendig geblieben.“

Die dritte Volksabstimmung über mögliche deutsche Gebietsabtretungen fand genau ein Jahr nach den Plebisziten in Schleswig-Holstein am 20. März 1921 im Oberschlesischen Industriegebiet statt. Hier war die politische Lage sehr viel brisanter als in den industriearmen Regionen Schleswig-Holsteins oder Ostpreußens, da das Gebiet um Kattowitz für das Deutsche Reich eine immense wirtschaftliche Bedeutung besessen hatte. Frankreich wiederum bot all seinen Einfluss auf, diese Region endgültig vom Reich abgetrennt zu sehen um Deutschland wirtschaftlich kleinzuhalten. Letztlich sollte der Völkerbund am 20. Oktober 1921 in diesem Sinne entscheiden und das Industriegebiet Polen zusprechen. Formal war damit zwar dem Ergebnis der Abstimmung (60 % für Deutschland, 40 % für Polen) entsprochen worden, der „wertvollere“ Teil jedoch an Polen gefallen. Wie angespannt die Lage hier schon kurz nach Kriegsende war, spiegelte sich in drei bewaffneten Konflikten zwischen 1919 und 1921 mit mehreren hundert Toten wider. Als Organisator vor allem des dritten Aufstandes am 3. Mai 1921 galt der schlesische Politiker Wojciech Korfanty, der von der Warschauer Regierung zum polnischen Plebiszitkommissar ernannt worden war und der auf vielen pro-deutschen Notgeldscheinen zur Zielscheibe massiver Angriffe wurde.

Beispielhaft dafür stehen die acht Werte aus Klodnitz-Oderhafen (heute: Kłodnica: 2 x 50 Pf., 2 x 1 Mk., 2 x 2 Mk., 2 x 3 Mk.) zum stolzen Preis von 13 Mark. Auf ihnen tritt die antipolnische Haltung deutlich hervor, wenn es etwa heißt: „Gewalt

Vier B-Seiten einer Serie von insgesamt acht Scheinen aus Klodnitz-Oderhafen mit antipolnischer Propaganda, speziell gegen den sogenannten 3. Korfanty-Aufstand am 3. Mai 1921.

geht vor Recht. Polnischer Insurgentenüberfall Mai 1921". Auf einem anderen Schein werden Verse aus Goethes Wilhelm Meister (Mignons Lied „Kennst Du das Land, wo die Zitronen blühn ... dahin will ich mit dir, o mein Geliebter ziehn ...") zeitgemäß ins Ironische umgearbeitet: „Dahin möchte' ich mit euch, geliebte Insurgenten ziehn ..." (nämlich nach Cosel auf die andere Seite der Oder). Ein weiterer Schein zeigt eine „insurgierte" Schule: „Zur Erinnerung an die Befreiung von polnischer Anarchie". Das Bild polnischer Zerstörungswut und polnischen Unrechts per Notgeldschein zu verbreiten unternimmt auch die 3er-Serie von Kandrzin-Porgorzelletz (heute: Kędzierzyn). Auf einem von ihnen wird die von Polen zerstörte Oderbrücke abgebildet.

B-Seite eines 1-Mark-Propagandascheins einer 3er-Serie aus Kandrzin-Pogorzelletz, der die polnische Zerstörungswut dokumentieren soll.

B-Seite eines Einzelscheins aus Bielschowitz mit „Stimmungsmache" im Vorfeld der Volksabstimmung am 20. März 1921.

Ein Einzelschein aus Bielschowitz (heute: Bielszowice) zeigt eine Karte des Abstimmungsgebiets noch vor dem Plebiszit, mitsamt dem Text: „Durch Mörderbuben und Banditen haben alle wir gelitten, / darum freut sich alt und jung / auf den Tag der Abstimmung, / damit wir Ruhe haben hienieden, / wie wir's waren gewohnt im Frieden."

Dieser Schein, so die Sammlerzeitschrift „Notgeld-Börse", habe „den Unwillen der polnischen Partei derart erregt, dass sie bei der internationalen Kommission die Beschlagnahmung des Notgeldscheines beantragt hat." Natürlich war aber gerade die Geste der Auflehnung ein besonders schlagendes Argument für die Sammler, sich diesen Schein schnellstmöglich zu besorgen, bevor er womöglich aus dem Verkehr gezogen wurde. Dementsprechend argumentierte die Sammler-Gazette: „Da die Gemeinde eine der wenigen ist, die überhaupt zur Erinnerung an die Abstimmung Notgeldscheine verausgabt haben, wird der Vorrat bald vergriffen sein ... Alles Nähere sowie Verkaufspreis unter ..."

Als unüberwindliches deutsches Bollwerk empfiehlt sich Kreuzburg (heute: Kluczbork): „Seit Jahrhunderten standen Kreuzburgs Bürger als Vorposten des Deutschtums gen Osten in vorderster Reihe!" Natürlich wird der größte Dichter der Stadt, Gustav Freytag, geradezu feierlich zitiert: „Als Kind der Grenze lernte ich früh mein deutsches Wesen gegenüber fremdem Volkstum lieben, als Preuße wuchs ich in einem Staat auf, in dem die Hingabe des einzelnen an das Vaterland selbstverständlich war." Bei der Abstimmung, so heißt es, hätten nicht nur 97 % der Einwohner für Deutschland gestimmt, sondern: „An Kreuzburgs Mauern, an deutschem Mut / zerschellte die wilde, slawische Flut!"

B-Seiten von zwei 1-Mark-Scheinen (einer 3er-Serie) aus Kreuzburg mit überschwänglichem Bekenntnis zum Deutschtum.

SERIENNOTGELD ALS DEUTSCHLAND-ERZÄHLUNG

Eine ähnliche Heldengeschichte, die sich im Jahr 1438 abgespielt haben soll, ruft ein Schein einer 5er-Serie aus der Stadt Leobschütz (heute: Głubczyce) in Erinnerung: „Allhier ist zu schauen, wie die Lübschützer Frauen mit Steinen und siedendem Pech vertreiben den Polen und Tschech'". Auf einem anderen Schein der Serie wird Franz Grillparzer zitiert: „In diesen Adern rollet Deutschlands Blut, und Deutschlands Pulsschlag klopft in diesen Herzen." (aus dessen Drama „König Ottokars Glück und Ende")

Einige Scheine aus Oberschlesien sind sogar bewusst zweisprachig (deutsch und polnisch) gehalten – vor allem, um der polnischen Seite unmissverständlich und in ihrer Sprache zu zeigen, wie sehr man sich hier zum Deutschtum bekannte, etwa die von Königshütte (heute: Chorzów).

Nach der Abstimmung wurden aber sogar Scheine ausschließlich in polnischer Sprache ausgegeben. Auch die Gemeinde Kunzendorf (heute: Konczyce) lässt es bei ihrer Darstellung im März 1922 an Deutlichkeit nicht fehlen. Mit kräftigen Hammerschlägen „nagelt" der deutsche Schmied den polnischen Adler.

Das Schicksal Oberschlesiens beschäftigte auch im Innern Deutschlands die Gemüter stark. In Glauchau, Halberstadt oder Helmstedt bildeten sich Initiativen, die über eigene Notgeld-Ausgaben für die Landsleute in Oberschlesien zu sammeln vorgaben. Was auf diesen Scheinen zu lesen ist, lässt an Deutlichkeit nichts zu wünschen übrig, wie etwa der Text auf der 4er-Serie der „Vereinigten Verbände heimattreuer Oberschlesier, Ortsgruppe Helmstedt". Kaum sonst werden in vergleichbarer Schärfe die Last der Reparationsforderungen der Kriegsgegner und die dadurch verursachte Versklavung des deutschen Volkes über Generationen hin beschworen. Auf den Scheinen ist – offenbar mit Kalkül – als Datum „Heiligabend 1921" aufgedruckt: „Was schaffst du, Häuer? Mark der deutschen Erde / Hol ich heraus aus dunklen Klüften, / dass es dem nimmersatten Wolf zum Fraße werde."; „Was schaffst Du, Schmied: Wir schmieden Ketten, / in die wir täglich werden neu geschlagen, / wenn uns der Hunger jagt von unsern

B-Seite des 25-Pf.-Werts einer 5er-Serie (5, 10, 25, 50 und 75 Pf.) aus Leobschütz, die „heroische" Ereignisse und Szenen aus der Stadtgeschichte darstellt.

A- und B-Seite eines Erinnerungs-Abstimmungsscheins aus Königshütte (Oberschlesisches Industriegebiet) in deutscher und polnischer Sprache im Zeichen der – für Deutschland – „rauchenden Schlote". (Vgl. S. 135.)

Betten.“; „Was schaffst Du Bauer? Binde Garben. / Fluchend wollen Brot von mir, / die uns Haus und Hof verdarben.“ Die Serie gipfelt in jenem Schein, welcher die Rache der Enkel beschwört: „Was wiegst du, ruhelose Mutter? Knaben, / auf dass sie wachsen ruhelos im Hass, / den glühend wir im tiefsten Herzen haben.“

Einen großen Verkaufserfolg mit mehr als 120.000 abgesetzten Scheinen erzielte auch der Verein „Hamburger Warte“, der in seiner Serie den deutschen Soldaten als den ans Kreuz genagelten leidenden Christus präsentierte. Auf der wiederkehrenden A-Seite heißt es: „Für Kriegerwitwen und Kriegerwaisen / solln diese Scheine die Welt bereisen. / Nun kauft davon soviel ihr wollt. / Es wird sich verwandeln in lauteres Gold.“

Aber auch eine ganze Reihe völkisch und deutschnational gesinnter Krieger- und Invaliden-Vereine gaben eigene Notgeldserien heraus, die sich, wie etwa der ultrarechte „Stahlhelm. Bund der Frontsoldaten“, über seine verschiedenen Ortsgruppen in Leer, Hamburg oder Görlitz am großen Propaganda-Spektakel beteiligten.

Stereotyp wird darauf der „Schandvertrag“ von Versailles verteufelt, der mit dem Verlust ehemals so „urdeutscher“ Städte wie Danzig, Posen und Thorn (P), Hadersleben (DK), Straßburg oder Metz (F) einherging, umgekehrt das Heldentum deutscher

B-Seiten der kompletten, aus vier Scheinen bestehenden Serie des Roten Kreuzes der „Vereinigten Verbände Heimattreuer Oberschlesier der Ortsgruppe Helmstedt“. Die Radikalität der Aussagen spiegelt sich auch in der expressionistisch daherkommenden grafischen Gestaltung wider.

SERIENNOTGELD ALS DEUTSCHLAND-ERZÄHLUNG

B-Seiten von zwei Scheinen einer 3er-Serie des Vereins „Hamburger Warte". Die typischen Spendenscheine zur Unterstützung von Kriegerwitwen und -waisen erinnern mit drastischen Darstellungen an den „Opfertod" der deutschen Soldaten im Ersten Weltkrieg.

Soldaten im Krieg rühmt, wie etwa auf Schein 3 der 6er-Serie der Ortsgruppe Görlitz: „Was hoffst Du, Stahlhelmmann. Dass einst trotz aller Wetter/Die über deutsche Kriegergräber wüten,/aus unsrer Brüder Grüften steigt ein deutscher Retter." Unverblümt wird auf fast allen Scheinen eingeräumt, dass sie reine Spendenscheine seien.

Gerade die mit so viel Emotionen aufgeladenen Propaganda-Notgeldscheine verweisen auf die politisch, ökonomisch und auch sozialpsychologisch katastrophale Situation, in welcher sich dieses Deutschland des Jahres 1921 befand. Jetzt erst dämmerte es vielen im Land, was der Versailler Vertrag auch für jeden Einzelnen und sein Leben konkret bedeutete, welche Lasten ihm über viele Jahrzehnte hinweg aufgebürdet und wie viel an Chancen ihm für den Rest seines Lebens genommen werden sollten. Die gewaltigen Reparationsforderungen der Siegermächte, deren vollständige Tilgung sich bis in die 1980er Jahre (!) hinziehen sollte, wurden als kollektive „Versklavung" des deutschen Volkes über Generationen hin empfunden.

Nachdem die Londoner Konferenz zu deren Regelung im März 1921 ergebnislos verlaufen war, besetzte französisches und belgisches Militär kurzerhand linksrheinische Städte wie Düsseldorf und Duisburg-Ruhrort, um die Abgaben zu erzwingen. Ausgangssperren wurden verhängt, Lokale geschlossen. Drei Regierungen versuchten

B-Seiten der kompletten 4er-Serie des in Bochum ansässigen „Provinzialverbandes Westfalen Kriegsbeschädigter und Kriegerhinterbliebener" mit Szenen aus dem Weltkrieg.

Wiederkehrende A-Seite und eine B-Seite einer 6er-Serie des „Ordensrats im Verband national gesinnter Soldaten". Wie so viele andere typische Spendenscheine erinnern auch diese an ehemals deutsche Gebiete in Frankreich (Metz) und Polen (Posen; Thorn). Die nicht abgebildeten fünf Scheine widmen sich Straßburg, Hadersleben (DK) und Danzig.

SERIENNOTGELD ALS DEUTSCHLAND-ERZÄHLUNG

in den Folgemonaten die ausweglose Lage zu meistern. Dem Kabinett Konstantin Fehrenbachs folgte am 4. Mai 1921 das Kabinett Joseph Wirth, das nach Demission und Neueinsetzung am 22. Oktober die Geschäfte fortführte, wegen seiner „Erfüllungspolitik“ von völkischen und deutschnationalen Kräften jedoch erbittert bekämpft wurde. Ende August ermordeten Rechtsradikale den gemäßigten Politiker Matthias Erzberger. Unterdessen kam der so dringend erforderliche Wiederaufbau aufgrund von Boykotten deutscher Waren nicht in Gang. Die Handelsbilanz kippte ins Negative, die Importe überstiegen die Exporte. Der Kurs der Mark stürzte dramatisch ab: Im Januar 1921 hatte der Valuta-Wert der Mark gegenüber dem Dollar noch 64:1 betragen, im November lag er bei 294,75:1. Um dem Währungsverfall zu begegnen, wurde immer mehr Geld in den Umlauf gebracht. Die Folge: Innerhalb des Jahres verdoppelte sich der Brotpreis. Gleichzeitig nahm der politische und ökonomische Druck auf die Grenzen des Reiches zu, vor allem im Saarland, in Ostpreußen und im oberschlesischen Industriegebiet, das trotz des Mehrheitsvotums der Bevölkerung für den Verbleib bei Deutschland aufgrund eines Völkerbund-Beschlusses schlussendlich dennoch Polen zugesprochen wurde. Bereits im März hatte Reichspräsident Ebert auf die Rheinland-Besetzung mit einer Proklamation reagiert: „Der Gewalt können wir Gewalt nicht entgegensetzen, wir sind wehrlos. Aber hinausrufen können wir es, dass alle es hören, die noch die Stimme der Gerechtigkeit erkennen: Recht wird hier zertreten durch Gewalt. Mit den Bürgern, die Fremdherrschaft erdulden müssen, leidet das ganze deutsche Volk. Ehern zusammenschmieden soll uns dieses Leid zu einigem Wollen. Mitbürger, tretet der Fremdherrschaft mit ernster Würde entgegen. Bewahret Euren aufrechten Sinn, aber lasst Euch nicht zu unbesonnenen Taten hinreißen.“

In dieser Situation, als der „großen Politik“ fast sämtliche Optionen, die deutsche Position wirkungsvoll zu vertreten, genommen waren und ihr nichts anderes mehr zu bleiben schien als die Forderungen der Siegermächte demütig abzunicken, eröffneten die kleinen bunten Notgeldscheine wenigstens ein kleines Ventil, dem sich aufstauenden Volkszorn jene Stimme zu geben, die sonst im öffentlichen Leben kaum mehr zu vernehmen war. (Vgl. hierzu auch Abb. S. 164.)

Exkurs 1

Grummelnder Abschied vom Kolonialherrentum

Dies ist die wiederkehrende A-Seite einer 4er-Serie, ausgegeben vom Amt Neustadt (Mecklenburg) – einer Gemeinde, die sich bevorzugt des Themas „ehemalige deutsche Kolonien“ annahm. Sie zeigt rechts unten einen Storch, der sich einen der frechen Frösche gegenüber geschnappt hat. Diese bedrohen ihn mit Pfeilen und verschanzen sich zugleich unter blau-weiß-roten Schutzschilden. Die Gegensätzlichkeit der Farben spricht eine klare Sprache: Der schwarz-weiß-rote Storch steht für Deutschland, wogegen die unter den blau-weiß-roten Schilden ihre Pfeile abschießenden Frösche nichts anderes sein können als die Entente, also Engländer und/oder Franzosen.

A-Seite eines Scheins einer 4er-Serie des Amtes Neustadt in Mecklenburg mit revanchistischen Phantasmagorien auf die Wiederherstellung der deutschen Kolonialherrlichkeit in Afrika.

Die B-Seite des Scheins zeigt, was die Frösche dem Storch weggeschnappt haben: Kamerun, durch das abgebildete Domizil des Deutschen Gouverneurs in Kuala, über dem noch stolz die schwarz-weiß-rote Flagge weht, ins Bild gesetzt. Wie angenehm es sich dort, in zeitgenössischen Veröffentlichungen des Öfteren „Fruchtgarten Deutschlands“ gepriesen, vor dem Ersten Weltkrieg leben ließ, zeigen die kleinen Felder unten: Bananen (links) und Kakaobohnen (rechts) und darüber auch gleich die dazu benötigten afrikanischen Erntehelfer. All diese Naturgaben sind jetzt, im Jahr der Ausgabe des Scheins 1922, dem Geldbeutel des deutschen Normalbürgers kaum mehr erreichbar.

Die B-Seite des Scheins widmet sich der verloren gegangenen Kolonie Kamerun.

Die anderen Scheine der Serie komplettieren mit Motiven aus Deutsch-Südwest- und -Ostafrika das ehemalige deutsche Kolonial-Imperium in Afrika.

B-Seiten aller vier Scheine der zweiten Serie aus dem Amt Neustadt in Mecklenburg mit bildhaften Darstellungen des ehemaligen deutschen Kolonialbesitzes in Asien.

„Deutsches Volk, du konntest fallen, aber sinken kannst du nicht", schallt es dazu wahlweise mit Versen von Theodor Körner oder Friedrich Schiller: „Wann wird der Retter kommen diesem Lande?"

Damit ist das Kolonial-Engagement des Amtes Neustadt in Mecklenburg nicht erschöpft. Eine zweite Notgeld-Serie mit ebenfalls vier Scheinen widmet sich den ehemaligen deutschen Besitzungen in Asien: Kiautschou, Deutsch Neu-Guinea, Samoa, Marianen und Karolinen-Inseln. Wieder muss Theodor Körner, der deutschnationale Dichter der Freiheitskriege 1813, als Zitatgeber (aus seinem Bundeslied von 1813) herhalten: „Hinter uns im Graun der Nächte liegt die Schande, / liegt die Schmach, liegt der Frevel fremder Knechte, / der die deutsche Eiche brach. / Unsere Sprache ward geschändet, unse-

Die wiederkehrende A-Seite aller vier Scheine tönt: „Gebt uns unsere Kolonien wieder!" Und zitiert – 1922! – aus der Kriegserklärung des nach seiner Abdankung längst im niederländischen Exil lebenden Kaisers Wilhelm II. vom 6. August 1914: „Noch nie ward Deutschland überwunden, wenn es einig war."

Wiederkehrende A-Seite einer 6er-Serie aus Anlass des Kolonialgedenktags am 4. November 1921 mit ehemals in Afrika tätigen Deutschen.

re Tempel stürzten ein / ‚Unsre Ehre ist verpfändet, deutsche Brüder, löst sie ein.'"

Das Amt Neustadt stand mit der Beschwörung alter Großmachtträume per Notgeldschein nicht allein. Ähnliche Töne schlug auch eine 6er-Serie aus Berlin unter dem Titel „Deutscher Kolonialgeburtstag" an. Sie zeigte einst in Afrika tätig gewesene Deutsche wie Carl Peters (1856–1918), den Begründer der Kolonie Deutsch-Ostafrika, Paul Emil von Lettow-Vorbeck (1870–1964), den ehemaligen Kommandeur der Schutztruppe für Deutsch-Ostafrika im Ersten Weltkrieg, oder die Überseekaufleute Carl Woermann (1813–1880) und Adolf Lüderitz (1834–1886).

Keine Kolonialfantasien, sondern das an seinen Außengrenzen jetzt arg angeknabberte Deutschland zeigt die 3er-Serie aus Soltau-Fallingbostel mit der Darstellung der durch den Versailler Vertrag verlorenen Gebiete Elsass-Lothringen, Nordschleswig, Danzig, Warthegau, Oberschlesien und Memel – wiederum mit reichlich Zitaten aus Wilhelm Tell. Bemerkenswert bleibt, dass bei diesem Schein beide Flaggen-Varianten (die national-konservative der schwarz-weiß-roten Fraktion und die liberale der Schwarz-Rot-Gold-Verfechter) nebeneinander stehen!

Damit konnten sich die diversen deutsch-nationalen und völkischen Verbände und Vereinigungen in der für sie typischen Propaganda natürlich nicht

B-Seite von Schein 3 der 6er-Serie mit dem Porträt des ehemaligen Kommandeurs der Schutztruppe für Deutsch-Ostafrika im Ersten Weltkrieg, Emil von Lettow-Vorbeck.

ABSCHIED VOM KOLONIALHERRENTUM

Wiederkehrende A-Seite einer 3er-Serie aus Soltau-Fallingbostel mit einer Übersichtskarte über die verlorenen Gebiete und dem noch heute gesungenen Vers aus der dritten Strophe des Deutschlandliedes sowie einem Zitat aus Friedrich Schillers Wilhelm Tell.

abfinden. Auf ihrem Notgeld regiert ausschließlich das Schwarz-Weiß-Rot des Kaiserreichs – etwa auf dem der Hamburger Kultur- und Sportwoche in ihrem verbissenen Insistieren darauf, dass (wenigstens?) die deutsche Handelsflagge weiterhin schwarz-weiß-rot sei. Eine deutsche Hochseeflotte, die unter dieser Flagge gefahren war, gab es ja nicht mehr, da sie sich ja, um der Auslieferung an die Royal Navy zu entgehen, in Scapa Flow am 21. Juni 1919 selbst versenkt hatte:

B-Seite von Schein 1 der aus Anlass der Kultur- und Sportwoche Hamburg ausgegebenen 3er-Serie unter der Parole „Seefahrt tut not" (Oktober 1921).

FREMDENVERKEHRSWERBUNG

Nichts lag für unbekannte, in einer landschaftlich reizvollen Gegend Deutschlands liegende Orte näher als eine möglichst attraktive Gestaltung ihres Notgelds als lohnendes Reiseziel. Besonders verlockend an dieser Idee war, dass Notgeldscheine nicht nur eine kostenneutrale Werbung darstellten, sondern noch Gewinn abwarfen. Schließlich bezahlte sie ja der Sammler. Aus Sicht der Gemeinde hatte sich die Investition bereits gerechnet, sobald die Scheine abgesetzt worden waren. Gestaltungstechnisch ergab sich also die Aufgabe, möglichst werbewirksame Bilder und Worte zu finden. Mit Sicherheit haben angesichts ihrer bevorstehenden Notgeldherausgabe viele Stadtverwaltungen zum ersten Mal überhaupt darüber nachgedacht, sich einem anonymen Publikum gegenüber als attraktives Reiseziel zu empfehlen.

Am unverfänglichsten und noch ohne direkte Aufforderung zum Besuch war der allgemeine Lobpreis der landschaftlichen Schönheiten der Stadt und ihrer Lage wie etwa auf einem Schein der Stadt Plön: „Mein Heimatland, wie bist du schön. / Wer zählt die Perlen, die dich krönen? / Doch obenan strahlst du, mein Plön, / der schönsten eine von den Schönen."

B-Seite eines 1-Mark-Scheins einer 4er-Serie mit Ansichten der Stadt Plön.

Auch Brunshaupten an der Ostsee preist sich als geradezu märchenhafter Ort: „Nix öwer mein Brunshaupten geiht / Wo Melk un Honnig fleiten deiht." Freienohl (heute ein Stadtteil von Meschede) im Sauerland setzte sogar etwas Selbstironie ein: „Und Freude rings von Höhn zu Höhn! / Von Tal zu Tal welch Lustgetön! / O Gott wie ist mein Land so schön – Ob auch sein Name – sauer."

Landschaftliche Reize, Sehenswürdigkeiten, örtliche Sagen und Geschichten, Architektur, Persönlichkeiten, Erholungs- und Sportangebote, kulinarische Spezialitäten aus der Region, Brauchtum, Kunst und Kultur – was immer sich aufbieten ließ, den Ort reizvoll erscheinen zu lassen, fand schon bald auf Seriennotgeld Aus-

B-Seite eines Scheins aus einer 12er-Serie der Gemeinde Freienohl im Sauerland (heute ein Stadtteil von Meschede) mit Versen des Heimatdichters Friedrich Wilhelm Grimme (1827–1887).

druck in Wort und Bild. Insbesondere bei Scheinen aus industriearmen Regionen wie dem Harz oder der Ostsee tauchten schon bald unverblümte Aufforderungen zum Besuch auf, wobei die dazu unternommenen Werbeanstrengungen hier und da noch recht ungelenk wirken. Blankenburg im Harz etwa zeigt auf der einen Seite des Scheins die Burgruine Greifenstein, auf der anderen führt der Text weitschweifig aus: „Bei Blankenburg im schönen Schwarzatal / hat man Naturschönheiten ohne Zahl, / drum wird mit Recht im ganzen Land / Perle Thüringens es benannt, / hoch droben ragt der Greifenstein, / bekannt als Burg bei Groß und Klein, / drum kommt herbei aus Deutschlands Gaun, / um euch dies alles anzuschaun.“ Ballenstedt gleich nebenan rühmt seine gute Luft: „… waldesdurstig, frisch, kräftig und rein, o eilet herbei und athmet sie ein.“

B-Seite eines teilbaren Scheins einer Serie von drei, von denen der erste ein Einzelschein war.

Grömitz an der Ostsee gab einen schon durch seine Perforation besonders interessanten teilbaren Doppelschein (2 x 50 Pf.) aus: „Nimmst du dies Papier zur Hand, / denke an den Ostseestrand. / Denk an Grömitz, an See und Wald, / ach, der Sommer, er stirbt so bald.“ Und preist sich als ideale Sommerfrische: „Bist du müde, bist du matt, / fliehe der Arbeit, dem Staube der Stadt: / Bleiche Wangen, sie werden frischer / hier in Grömitz im Kreise der Fischer.“

Gelegentlich werden außerdem Sportmöglichkeiten – auch im Win-

B- und jeweils wiederkehrende A-Seite einer 6er-Serie aus Altenau (Schein 1 von 6) mit versifizierter Werbung für Wintersportmöglichkeiten.

ter – dargestellt, wie etwa auf Serienscheinen von Oberhof (Rennsteig) oder Altenau (Harz): „Winterfreunde, Mann und Frau, / auf zum Schneeschuhlauf nach Altenau." Eine direkte Aufforderung zum Besuch formuliert Bad Sachsa im Südharz mit knappen Empfehlungen: „Landschaftlich hervorragend; ärztlich empfohlener Kurort, Glanzpunkt des Harzes". Als besonderes Highlight werden die Wintersportmöglichkeiten gepriesen: „längste Rodelbahn des Harzes."

Andere Gemeinden wie Gernrode (Harz) oder Paulinzella (Thüringen) führen auf ihrem Notgeld mit großem Stolz ihre Baudenkmale vor. Auf einer Serie von zwölf Scheinen, von denen jeder einzelne andere Blickwinkel und weitere Besonderheiten darstellt, zeigt etwa Gernrode – wie in einem modernen Kirchenführer – ein umfassendes Porträt der romanischen Stiftskirche St. Cyriakus in zahllosen Perspektiven. Und die Klosterruine Paulinzella, vom Jenaer Maler Georg Kötschau gezeichnet, wird

Die Konkurrenz in Bad Sachsa empfiehlt sich als ganzjähriger Urlaubsort mit der „längsten Rodelbahn des Harzes" und zeigt praktischerweise auch gleich An- und Abreisemöglichkeiten per Bahn und Automobil.

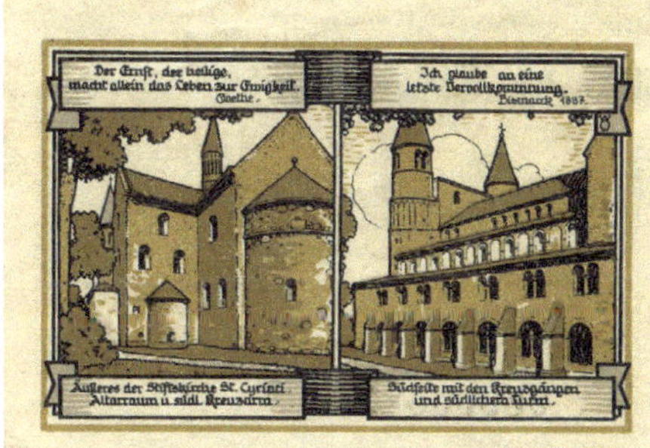

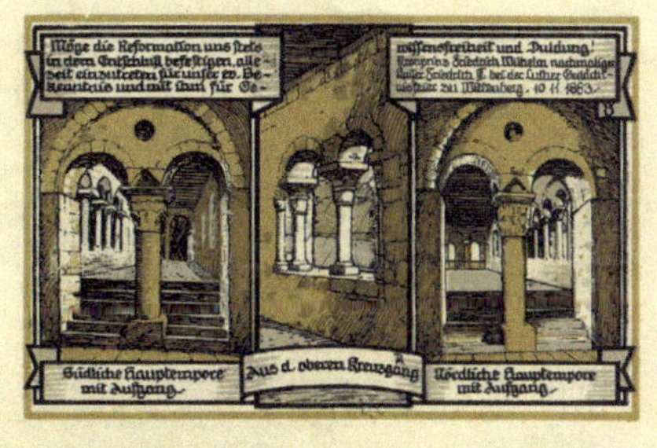

Gernrode bei Quedlinburg entfaltet in seiner Serie von zwölf Scheinen fast einen kompletten Kirchenführer der romanischen Basilika St. Cyriak. Von den hier wiedergegebenen acht Motiven zeigen die A-Seiten (oben) vier Außenansichten, die B-Seiten erlauben Einblicke in das Innere.

B-Seiten von vier Scheinen einer 6er-Serie mit Ansichten der Klosterruine Paulinzella bei Rudolstadt. Die A-Seiten begleiten den Rundgang in klassischen Distichen, z. B. (Schein 1): „Tausendjähriger Sturm umtobte mich, brach meine Gemäuer, / doch nach des Geistes Gebot steh' ich in Schönheit verklärt.“

auf vier Scheinen geradezu erwandert: Klassische Distichen geben dazu Legende und Kommentar.

Ein frühes Beispiel zielgerichteter Fremdenverkehrswerbung, einem modernen Werbeprospekt vergleichbar, bieten die beiden Serien von jeweils sieben Scheinen der Stadt Fürstenberg am südlichen Rande der mecklenburgischen Seenplatte. Bei der Wahl der Motive und Botschaften fehlt kein Argument für den Besuch des sich als Luftkurort empfehlenden Städtchens, angefangen bei der bequemen und kurzen Anreise („D-Zug 70 Minuten, nur 80 km von Berlin“) über den herausgestellten Erholungswert („Ziel von tausenden erholungsbedürftiger Großstädter“), den nachdrücklichen Hinweis auf reiche Wander- und Sportmöglichkeiten („selbst im Winter“), gastronomische Empfehlungen („berühmt durch die mecklenburgische Küche seiner 18 guten Gasthöfe“) bis hin zu Freizeitmöglichkeiten auch für das „bessere“ Publikum („Treffpunkt der eleganten Autowelt, beliebte Station für Ruderer und Segler“). In der Summe nehmen sich diese Notgeldscheine wie ein gut konzipierter Fremdenverkehrsprospekt aus, für den der Sammler 8,70 Mark bezahlen musste – ein stolzer Preis.

SERIENNOTGELD ALS DEUTSCHLAND-ERZÄHLUNG

Selbst diese drei Motive (B-Seiten) von insgesamt 14 (zwei Serien à sieben Motive) aus Fürstenberg am Rande der Mecklenburgischen Seenplatte vermitteln einen lebhaften Eindruck vom ausschließlich touristisch geleiteten Denken der Initiatoren.

B-Seiten zweier Scheine (25 und 50 Pf.) einer 5er-Serie aus Bad Sulza mit erstaunlichen Heilerfolgen ...

Manche Kurorte wissen geradezu von Wunderheilungen zu berichten, wenngleich dies, wie etwa in der 5er-Serie Bad Sulzas, zuweilen auch ironisch ausfallen konnte: „Der Ärmste hier im Krankenstuhl / sieht offen schon den Höllenpfuhl, / hält er nur wenige Wochen durch, / klimmt er empor zur Sonnenburg. / Sprudelnder Geist und sprudelnder Quell / machen Herz und Sinne hell. / Trinken, Baden, Inhalieren / wird Dich gründlich hier kurieren. / Hast du die schöne Kur genossen, / wirf ab die Krücken, treibe Possen / und tanze Polka unter Birken, / das wird als Nachkur Wunder wirken."

Einher mit dem Lobpreis der Landschaft und ihrer Bewohner ging immer wieder auch eine Art „Heimatdesign", wobei die dadurch so deutliche Betonung von Bodenständigkeit als eine Art Gegenmodell zum politisch so „kranken" Deutschland erscheint – vor allem, wenn für die sprachliche Gestaltung der Botschaft noch der regionale Dialekt gewählt wird. Nicht wenige Scheine waren der dialektalen Gestaltung dabei so sehr verhaftet, als ob sie sich schon dadurch vom Hochdeutsch der reichsweit gültigen Zahlungsmittel (mit dem diese ja zwangsläufig auftreten mussten) bewusst absetzen und sich so eine zusätzliche Sicherheit vor möglichen Strafverfolgungen verschaffen wollten.

WAREN- UND PRODUKTWERBUNG

Motorspritzen und Uhren, Mikroskope und Revolver, Korbmöbel und Strickwaren, Kräuterlikör und Bier, Tabak und Spielkarten, Porzellan und Glaswaren, Gips und Schieferplatten, Pantoffeln und Schuhe, Christbaumkugeln und Gartenzwerge, Spritzkuchen und „Kümmelkas" – die Reihe der Waren und Produkte, die den Weg auf Seriennotgeldscheine fanden, ist ebenso breitgefächert wie lang.

B-Seite eines 10-Pf.-Einzelscheins aus Apolda mit Werbung für am Ort hergestellte Strickwaren.

B-Seite des 75-Pf.-Scheins einer 4er-Serie mit witziger Werbung für den Nordhäuser Branntwein.

B-Seite des 50-Pf.-Werts einer 3er-Serie aus Vlotho (Weser) mit Werbung für die am Ort hergestellten Zigarren der Marken „Claro“ und „Florkina“ (am unteren Bildrand).

Die B-Seite einer 4er-Serie aus Ellrich preist die örtliche Gipsfabrik, deren Produkte „das Volk, das schwer gelitten, noch fester als je zusammenkitten“ mögen …

A- und B-Seite eines Einzelscheins aus Lauscha mit Werbung für die am Ort hergestellten Christbaumkugeln.

Von Produktwerbung im modernen Sinne lässt sich bei Notgeldscheinen allerdings noch nicht sprechen; schließlich ist es zum beworbenen Markenartikel im heute geläufigen Verständnis des Wortes um 1920 noch ein weiter Weg. In der Regel werden denn auch eher Warengattungen als einzelne Artikel ausgelobt, finden sich Namen bestimmter Hersteller nur in Ausnahmefällen (z. B. Barntrup (Westf.): Tabak der Firma „Steneberg“ oder Wurzbach (Thüringen): Schieferplatten der Firma „Koselstein“).

Auf der anderen Seite ist die Beziehung zum Herstellungsort meist noch ganz besonders eng. Typisch war – vor allem bei kleinen Gemeinden – auch der „multifunktionale“ Notgeldschein, der sowohl Selbstdarstellung als auch Fremden-

B-Seite des 50-Pf.-Werts einer 4er-Serie aus Barntrup (Westfalen). Den Werbevers „Rauchstoff liefert echt und fein Firma Steneberg allein“ bestätigt der Bauer auf dem Feld im westfälischen Platt: „Eck kann blaus düsse Sorte verdregen van Steneberg“.

SERIENNOTGELD ALS DEUTSCHLAND-ERZÄHLUNG

verkehrswerbung als auch Werbung für am Ort hergestellte Produkte sein wollte, exemplarisch etwa auf einem Schein aus dem thüringischen Waltershausen: „Umrahmt von waldgen Bergeskuppen / entstehn hier weltberühmte Puppen. / Begehrt wie unsre Gummireifen / sind auch die hiesigen Tabakpfeifen; / weit über Meer und Land / ist unsere Wurst bekannt."

Auch der kleine Ort Schmölln bot alles nur Zählbare innerhalb seiner Mauern auf und platzierte es kreisförmig um die zentrale Illustration der Gottesmutter mit Kind herum: „Steinnuss, Knopf, Horn, Holzschuh, Pantoffeln, Cigarren, Stoffwäsche, Uhrgehäuse, Maschinen, Zahnbürsten, Packungsfabrik". Selbst größere Städte wie Luckenwalde machten es kaum anders und wiesen auf einem einzigen Schein auf so unterschiedliche Erzeugnisse hin wie „Motorspritzen, Pianos, Hüte und Tuche".

In diesem Wettlauf versuchte selbst ein Flecken wie Alten- und Frauenbreitungen (bei Schmalkalden) mitzuhalten, der großspurig mit „Landwirtschaft, Tabakbau, Metallindustrie" aufwartete. Wer gar keine Industrieprodukte anzubieten hatte, verlegte sich auf die Spezialitäten der lokalen Küche. Leutenberg in Thüringen etwa preist seine „Rotbratwurst, Thüringer Kloß, / dieser wie ein Kindskopf groß, / Braten dann von Gans und Schwein, / Leute, hier muss gut es sein."

Mehr Werbewirkung stellte sich vermutlich ein, wenn gleich mehrere Scheine einer Serie ein und dasselbe Produkt bewarben, seine einzelnen Qualitäten herausstrichen oder verschiedene Verbrauchergruppen anvisierten. So machte es etwa die Stadt Köstritz mit gleich vier verschiedenen Werbesprüchen auf seiner Bier-Serie: „Köstritzer Schwarzbier hilft den Müttern, die Kinder stramm ins Dasein

B-Seite des 1-Mark-Scheins einer 3er-Serie aus Luckenwalde mit „versteckter" Werbung für Motorspritzen der Firma Koebe, Niendorf-Pianos sowie Hüte und Tuche anderer Hersteller am Ort.

„Multifunktionaler" Notgeldschein (A-Seite) einer 4er-Serie aus Schmölln mit um das Zentralmotiv „Maria mit Kind" herum angeordneter Werbung für die am Ort hergestellten Produkte: „Steinnuß- und Hornknopf-, Holzschuh-, Schuh, Pantoffel, Cigarren, Stoffwäsche, Uhrgehäuse, Maschinen-, Zahnbürsten- und Packungsfabrik".

B-Seite eines von Emil Preetorius (1883–1973) gestalteten Scheins einer 4er-Serie aus Köstritz mit Werbung für das noch heute bekannte Schwarzbier.

Zwei B-Seiten einer 4er-Serie aus Suhl mit ausdifferenzierter Werbung für einzelne Produktgruppen der örtlichen Waffenschmiede.

Zwei B-Seiten einer 6er-Serie aus Rathenow mit Werbung für spezielle Produktgruppen der örtlichen Optik-Industrie.

SERIENNOTGELD ALS DEUTSCHLAND-ERZÄHLUNG

„Wenn die Habe verzehrt ward durch Feuers Glut,/der Einbrecher stahl das wertvollste Gut,/warst du versichert, entschädigt dich blank/die Gothaer Feuerversicherungsbank". Der Text der B-Seite einer vom bekannten Grafiker Fritz Koch-Gotha (1877–1956) gestalteten 4er-Serie mit Werbung bewirbt die bekannte Gothaer Versicherungsgesellschaft.

füttern"; „Schwarzes Bier aus Köstritz Du, süße Labe, gute Ruh!"; „Was mag besser sein, potzblitz, als Edel-Schwarzbier aus Köstritz"; „So bleich, so mager, schönes Kind? Köstritzer Schwarzbier nimm geschwind!"

Ein vergleichbarer werbestrategischer Entwicklungsstand findet sich bei den Uhren aus Glashütte, den Optik-Produkten aus Rathenow oder den Waffen aus Suhl. Hier wird auf verschiedenen Scheinen einer Serie jeweils eine weitere Spezialität der Produktpalette gezeigt.

Dass sich kaum Notgeldscheine finden, die schon Dienstleistungen bewarben, verwundert angesichts der um 1920 noch im Frühstadium steckenden Werbegeschichte nicht. Eine Ausnahme findet sich auf den Scheinen der Stadt Gotha, auf denen die damals schon bekannten Feuer- und Lebensversicherungen beworben werden.

Mitunter werden die am Ort hergestellten Produkte auch zum Anlass genommen, die damit verbundenen Fertigungsprozesse zu zeigen, wie dies etwa auf Scheinen der Gemeinde Stützerbach geschieht, auf denen man Glasbläsern bei der Arbeit zusehen kann.

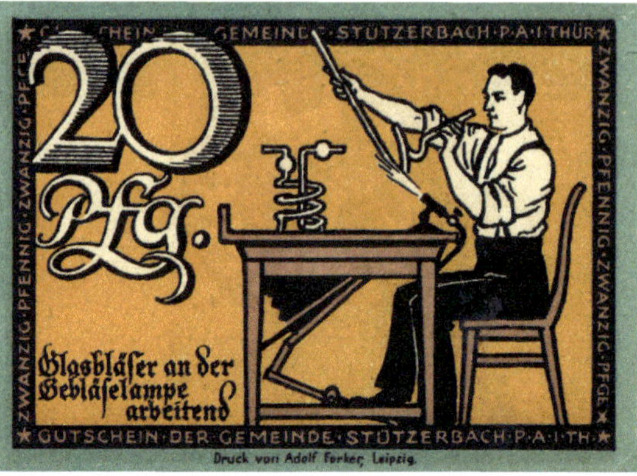

Zwei B-Seiten einer 6er-Serie aus Stützerbach (Sachsen), welche die Entstehung von Glasprodukten in allen Stadien ihres Herstellungsprozesses zeigen.

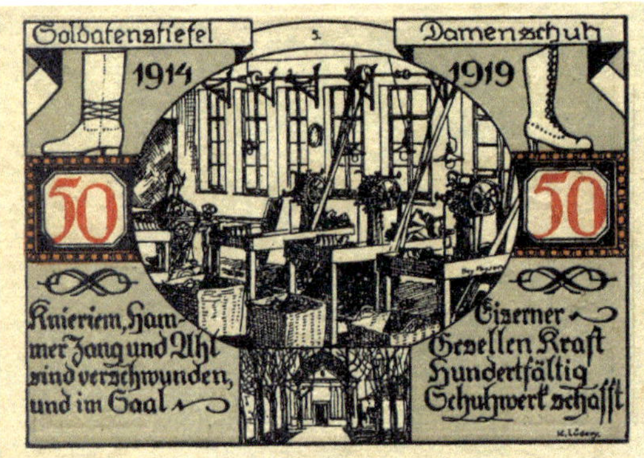

Zwei B-Seiten einer 6er-Serie aus Weißenfels, die als Werbung für die örtliche Schuhproduktion auch deren historische Entwicklung zur Massenfertigung zeigen und darüber hinaus absatzstrategische Betrachtungen anstellen: „Lauf nicht barfuß, kaufe mehr, dann wird auch das Lager leer!"

Sofern die Geschichte einer Industrie am Ort auch für Außenstehende bedeutend genug erschien, verfielen die Herausgeber einer Notgeldserie immer wieder auf die Idee, sie ausführlich darzustellen – wie es etwa Weißenfels mit seiner 6er-Serie zur Geschichte der örtlichen Schuhproduktion tat.

Eine eher versteckte Produkt-Werbung findet sich auf den Scheinen der Braunschweiger Verkehrsgesellschaft, die schon 1904 einen regelmäßigen Fahrbetrieb nach Bad Harzburg aufgenommen hatte. Diese Scheine hatten insofern einen echten Gebrauchswert, als sie auf den Fahrpreis anrechenbar waren. Auf jedem einzelnen ist zudem ein kleiner Autobus zu erkennen, auf manchen auch das Monument

Überdruckte B-Seite eines Scheins einer 3er-Serie der Braunschweiger Verkehrsgesellschaft mbH mit witziger Grafik von Franz Albert Jüttner. Die Brockenhexen verfolgen amüsiert den vollbesetzten Autobus auf seiner Fahrt zum Brocken hinauf.

des Braunschweiger Löwen. Da die Braunschweiger Firma Heinrich Büssing, Hersteller von Lastkraftwagen und Bussen, diese Linie betrieb, sind die Scheine eine Art Schleichwerbung für den Fahrzeughersteller, der sich als Markenlogo ja den Burglöwen gewählt hatte. Als Fahrkarte einsetzbare Scheine gaben aber auch Wernigerode (für die Brockenbahn) oder Kiel (für den örtlichen Personennahverkehr) aus. Die ungewöhnlichen Werte der überaus farbenfrohen Scheine aus Kiel von 70 oder 90 Pfennigen entsprachen dabei praktischerweise den geltenden Beförderungstarifen vor Ort.

Zwei B-Seiten einer 6er-Serie der „Kieler Herbstwoche für Kunst und Wissenschaft“ vom 10. bis 18. September 1921. Die farbenfrohen Scheine betonten für diesen Zeitraum ihren Verkehrswert: Die ungewöhnlichen Wertstufen von 70 und 90 Pf. waren den Tarifen der Straßenbahn angepasst.

Ein wenig seriöses Beispiel unter den Werbescheinen ist die kleine Serie zur Bewerbung der Lehren und der Produkte des Wunderdoktors Hammerich Voigt aus Heessen / Bad Eilsen (Schaumburg-Lippe), vor allem seiner „Patentmedizinen H. Voigt Nr. 1 und H. Voigt Nr. 2" mitsamt Leitsprüchen wie „Kehret zurück zur Natur. Ein Lot Vorbeugung ist besser wie 10 Pf Kur" und ins Kurhaus („Station Voigt") stürmenden Heilungssuchenden. Einer der Scheine zeigt die Wunderheilung eines Pferdes: „Mit 1 + 2 und Höhensonne kurierts der Voigt. Es ist ne Wonne."

Zwei B-Seiten einer 3er-Serie des Wunderdoktors Hammerich Voigt mit geradezu überirdisch anmutenden Heilerfolgen, selbst bei Rosskuren ...

Exkurs 2

Der deutsche Notgeldmichel: Zipfelmütze schlägt zurück

Eine in der großen Deutschland-Erzählung häufig auf (Serien-)Notgeldscheinen wiederkehrende Figur war der Deutsche Michel. Obwohl in seiner zipfelmützigen Beschränktheit an die bekannten Karikaturen des 19. Jahrhunderts erinnernd, ist dieser Michel der Kleingeldscheine des Jahres 1921 allerdings ein ganz anderer geworden – auf keinen Fall mehr der tumbe, politikferne Hinterwäldler der alten Zeit.

Der deutsche Michel, so wie ihn – nicht nur – Wilhelm Busch sah: als schlafmützigen Hinterwäldler ...

Politisch hellwach hat er sich zu einem Wutbürger gemausert, der energisch die Sache des deutschen Volkes vertritt. Dabei kann er, vor allem auf Scheinen von Gemeinden an der deutsch-dänischen Grenze wie Quern oder Steinfeld, sogar handgreiflich werden, wenn er seine dänischen Widersacher mit Faustschlägen traktiert, zu Boden streckt, ihre Flagge zerreißt oder gar zertritt.

Wie Notgeldmichel zur Entente und den Versailler Verträgen steht, macht ein Schein der Gemeinde Schmölln unmissverständlich deutlich. Hier greift er beherzt zur Mistgabel, um sie mitsamt dem 14-Punkte-Programm US-Präsident Wilsons (durch 14 Totenköpfe symbolisiert) zu entsorgen.

Dass einen scharfzüngigen Karikaturisten wie Olaf Gulbransson (1873–1958) die Michel-Figur besonders reizen musste, dokumentieren gleich zwei Motive seiner bitterbösen Satire-Serie für die Stadt Kahla. Auf dem einen fegt Michel als tumber Straßenkehrer alles zusammen, woran er in seiner Naivität und seinem blinden

B-Seiten einer 3er-Serie aus dem Flecken Husby bei Flensburg. Michel, bei einer Hamstertour vom dänischen Grenzbeamten erwischt, schlägt diesen auf drei Scheinen kurzerhand nieder (in friesischem Platt erzählt).

Michel, hier auf der B-Seite eines Einzelscheins der Gemeinde Steinfeld, zeigt dem Dänen, was er von der neuen Grenzziehung und dem Danebrog hält.

A- und B-Seite eines Spendenscheins einer 12er-Serie (für insgesamt 23,50 Mark!) der Oberschlesien-Hilfe, ausgegeben von einer „Arbeitsgemeinschaft vom deutschen Schutzbund". Der deutsche Michel gibt dem polnischen Adler einen kräftigen Tritt.

B-Seite des 25-Pf.-Werts einer 4er-Serie aus Schmölln mit Michel als Bauer, der den Versailler Vertrag entmistet. Ursprünglich sollte das von Otto Hasse stammende Motiv einen Schein der Stadt Belgard zieren – mit den Schattenrissen der Stadt im Hintergrund. Doch der Druckprozess wurde verschleppt, da der Bürgermeister Dr. Drieschmann zur Notgeldberatung nicht geladen war. Gustav Prange schreibt: „Ein böses Geschick hatte dem Manne mitgespielt. Unter dem Verdacht, ein Anhänger der verunglückten Kapp-Regierung zu sein, war er Anfang April 1920 vom Amte suspendiert und erst Anfang Februar 1921 wiedereingesetzt worden. Sofort nach Dienstantritt setzte seine Bekämpfung der Scheine ein, menschlich wohl verständlich, denn was schert es ihn, dass das Notgeld berühmt wird und mit ihm die Stadt, wenn doch sein Name nicht in der Reihe der Unterschriften enthalten ist.“ Nach außen bediente er sich folgender Argumentation: ‚Wie können wir die Aufhebung des Vertrages von Versailles verlangen, wo sich die Regierung verpflichtet hat, ihn in allen Punkten gewissenhaft zu erfüllen, und sicherlich würde die Entente die Scheine beschlagnahmen lassen.‘ Trotzdem war der allgemeine Wille, diese Notgeldscheine herauszubringen, in der Stadt so stark, dass die Stadtverordnetenversammlung am 5. April beschloss, für 100.000 Mk. Notgeld herstellen zu lassen, und zwar für je 50.000 Mk. zu 25 und zu 50 Pf. Aber der Bürgermeister hatte es nicht eilig mit dem Druckauftrag und ließ die Angelegenheit liegen, bis eins der vielen Notgeldverbote der Regierung herauskam …“ Inzwischen hatte die Stadt Schmölln das Motiv übernommen, einen ähnlichen Schein drucken lassen und damit ein gutes Geschäft gemacht …

B-Seiten von zwei Scheinen einer vom Karikaturisten Olaf Gulbransson gestalteten 6er-Serie aus Kahla (ausgegeben am 1. Dezember 1921, Einlöseschluss schon am 31. Dezember 1921!).

Vertrauen auf die göttliche Gerechtigkeit geglaubt hatte, angefangen bei den Zehn Geboten über verbreitete Gutmenschen-Sprüche wie „Üb immer Treu und Redlichkeit", „Ehrlich währt am längsten!" bis hin zu „Seid einig, einig, einig". Auf dem anderen Schein, überschrieben mit „Sylvesternacht 1921–1922. Deutscher Spuk in Paris", schreibt eine groteske Kreuzung aus Michel und Freund Hein sein „menetekel efarsim" an eine Plakatsäule in Paris.

Freilich ändert Michels erwachtes Interesse an Politik nichts daran, dass auch er unter der Geldnot der Zeit extrem leidet und für die Steuerbehörden ein dankbares Opfer darstellt.

Dennoch: Für die Notgeld-Sammlergemeinde ist dieser neue Michel aufgrund seiner Aufsässigkeit zu einem Sympathieträger geworden. Was die „hohe" Politik der Reichsregierung nicht leisten kann oder will, von klaren Worten gegen die Demütigungspolitik der Entente bis hin zu aktivem Widerstand gegen die Knebel-Auflagen des Versailler Vertrags, löst Notgeld-Michel jetzt wenigstens symbolisch ein.

Die B-Seite des 1-Mark-Werts einer 5er-Serie aus Tonndorf-Lohe zeigt den ratlosen Michel vor dem leeren Staatssäckel.

Die B-Seite des 50-Pf.-Werts einer 3er-Serie aus Saalfeld zeigt in einer drastischen Karikatur, wie sehr sich der Michel-Normalbürger vom Staat ausgepresst fühlte.

Zwei B-Seiten einer 5er-Serie aus Genthin an der Elbe mit kernigen Bismarck-Zitaten.

DOKUMENTATION DEUTSCHER GESCHICHTE UND KULTUR

Sobald Seriennotgeldscheine mit dem Anspruch auftraten, deutsches Kulturgut zu verbreiten, waren Personen von entsprechender Wichtigkeit und ihre Werke gefragt. Erstaunlicherweise wurde dabei die Riege der deutschen Philosophen wie Leibniz, Kant, Hegel, Schopenhauer oder Nietzsche trotz ihrer Weltgeltung gänzlich gemieden. Immerhin finden sich auf Scheinen der Stadt Halle (Saale) der Philosoph Christian Wolff sowie der Theologe Hermann August Francke. ‚Goldene Lebensregeln' dagegen wurden lieber als Zitate von politischen Köpfen wie Friedrich dem Großen, der auf zahllosen Scheinen auftritt (Belgard, Belgern, Eckartsberga, Friedrichsbrunn, Greiffenberg, Grünberg, Hohenfriedeberg, Kloster Zinna, Königsaue, Neusalz (Oder), Rheinsberg, Rossbach, Straußberg, Striegau etc.), oder Fürst Otto von Bismarck wiedergegeben. Dessen markige Aussprüche wie „Wir haben keine Rückendeckung als die, dass wir Rücken an Rücken stehen" oder „Alle Friedensschlüsse dieser Welt sind Provisorien" zieren, mit grimmig dreinschauendem Holzschnitt-Porträt versehen, Scheine der Stadt Genthin, deren Ehrenbürger er war.

Aber auch Berlin, Naugard, Parey, Stroebeck und etliche andere Orte griffen auf den Reichsgründer zurück. Allein die Scheine, die Bismarck-Denkmäler abbilden, bilden dabei eine eigene Kategorie (Soltau, Göttingen etc.). Nicht minder populär sind die ruhmreichen Feldherren der Vergangenheit wie Blücher (Canth, Jeßnitz, Stolp), Gneisenau (Kolberg) oder Hindenburg (Allenstein, Kahla, Nördlingen u. a.). Landesfürsten wie Henriette Katharina, geb. Prinzessin von Oranien (Oranienbaum) oder Carl, Landgraf zu Hessen (Carlshafen) finden sich eher selten. Aus älterer Zeit sind Karl der Große (Verden) und Friedrich Barbarossa auf Notgeldscheinen (Frankenhausen, Kelbra, Rossla, Schalkau u. a.) gut vertreten.

Dass Wilhelm Raiffeisen (Köln-Delbrück) und Hermann Schultze-Delitzsch auf Notgeldscheinen auftreten, liegt in der Natur der Sache, da sie als Gründer des genossenschaftlichen Kreditwesens (Bucha, Delitzsch) auch örtliche Volks- und Raiffeisenbanken inspiriert haben dürften, jetzt selbst als Emittenten von Notgeld aufzutreten. Dass Karl Marx, Friedrich Engels, Carl Liebknecht und August Bebel auf Notgeldscheinen der Stadt Emden auftauchen, ist ein singuläres Phänomen und ausschließlich der sozialdemokratischen Werbewoche geschuldet, durch welche die Partei sich offensichtlich veranlasst sah, entsprechend bebilderte Scheine drucken zu lassen.

Neben solch epochalen historischen Gestalten finden sich nur wenige andere politische Namen auf Notgeldscheinen, wie etwa der des Freiherrn vom und zum Stein oder Heinrichs von Stephan (1831–1897), Organisator des deutschen Postwesens, dem seine Heimatstadt Stolp ein Notgeld-Denkmal setzt.

Martin Luther, dem gleich ganze Serien gewidmet werden, findet sich erwartungsgemäß oft (Brehna, Breslau, Erfurt, Eisenach, Schmalkalden, Wittenberg u. a.), aber auch der Bauernführer Thomas Müntzer inspirierte einige Gemeinden, seine revolutionären Umtriebe darzustellen (Allstedt, Mühlhausen). Oldisleben ging gar so weit, sein Geld „Münzergeld“ (das Wortspiel mit Münze bot sich an) zu nennen. Wollin gedenkt Johannes Bugenhagens, Reformator und Weggefährte Luthers. Einem anderen Revolutionär setzt die Stadt Lörrach mit dem Bildnis Friedrich Heckers, dem Führer der Badischen Revolution 1848/49 ein Denkmal.

Heinrich von Stephan (1831–1897), der Erfinder des deutschen Postwesens, auf dem 1,50-Mark-Schein (B-Seite einer 5er-Serie) seiner Heimatstadt Stolp (Pommern).

Die B-Seite einer 6er-Serie der südbadischen Stadt Lörrach erinnert an die (missglückte) Badische Revolution der Jahre 1848/49 und an einen ihrer Anführer, den später nach Nordamerika ausgewanderten Friedrich Hecker.

Erfinder wie Johannes Gutenberg (Mainz) oder Alois Senefelder (Solnhofen) finden naturgemäß an den Orten ihres Wirkens entsprechende Würdigung. Gleiches gilt für Wissenschaftler und Gelehrte: Allenstein zeigt ein Porträt von Nikolaus Kopernikus, Geisa erinnert an den Universalgelehrten Athanasius Kircher, Halle (Saale) an Christian Thomasius als bedeutenden Sohn der Stadt. Schleiz würdigt den Alchemisten und Erfinder des Hartporzellans Johann Friedrich Böttger, Gießen Justus Liebig, Jena natürlich Ernst Abbe. Bemerkenswert erscheint auch die Erwähnung Friedrich Sertürners, des Entdeckers des Morphiums, auf einem Notgeldschein von Neuhaus (Westfalen).

Justus Liebig auf der B-Seite einer 3er-Serie der Stadt Gießen, die aus Anlass der dortigen Briefmarken- und Notgeldausstellung vom 2. bis 4. Juli 1921 ausgegeben wurde.

Gelegentlich tauchen Maler wie Lucas Cranach (Kronach) oder Jan Joest (Calcar) auf Notgeldscheinen auf, das Städtchen Hoym bildet sogar ein Cranach-Gemälde ab. Recht häufig werden Musiker wie Georg Friedrich Händel (Halle/Saale), Johann Sebastian Bach (Arnstadt, Eisenach, Mühlhausen) oder Richard Wagner (Eisenach) in Porträts gezeigt.

Gute Resonanz findet der Liederkomponist Franz Abt (Braunschweig, Eilenburg), dessen Lied „All' Abend, bevor ich zur Ruhe geh" auf einer Serie der Stadt Eilenburg strophenweise wiedergegeben wird. Einer ganz anderen Sorte von deutschem Kulturhelden setzt das unbekannte Ritterhude ein Denkmal mit drei Scheinen zu Ehren Turnvater Jahns, das ebenso verschlafene Lenzen belässt es dagegen bei einem: „Im Dorfe Lanz bei Lenzen,/dort auf der Prignitz Plan,/da ward ein Mann geboren,/hieß Friedrich Ludwig Jahn." Auch Eckartsberga zitiert ihn mit dem Spruch „Erköre mir kein andern Land zum Vaterland, stünd' mir auch frei die große Wahl." Bad Wörishofen preist seinen großen Sohn Sebastian Kneipp mit dem Satz: „Die halbe Welt lebt heut' verkehrt: Gesundheit ist der beste Wert!" Der Marktflecken Schweina gedenkt Friedrich Fröbels epochaler Idee, Kindergärten einzurichten, Sömmerda des Pädagogen Christian Gotthilf Salzmann. Dieser wird zwar zugleich mit dem Erfinder des Zündnadelgewehrs Nikolaus von Dreyse auf einer 6er-Serie abgebildet, aber nicht weiter kommentiert, wogegen das Zündnadelgewehr selbst auf eben diesen Scheinen nicht nur eine ausdrückliche Würdigung erfährt, sondern sogar in seiner

B-Seite von Schein 12 einer aus insgesamt 18 Scheinen bestehenden Serie aus Arnstadt (6 x 10, 6 x 25 und 6 x 50 Pf.) mit dem von A. Paul Weber (1893 in Arnstadt – 1980) gezeichneten Porträt Johann Sebastian Bachs.

A-Seite eines 25-Pf.-Scheins einer 3er-Serie aus Ritterhude zum Lobe Turnvater Jahns: „Froher Sinn und Tapferkeit schützen Dich vor Grillen, turnst du fleißig jederzeit, brauchst Du keine Pillen".

Handhabung erklärt wird. Freudenstadt im Schwarzwald gedenkt Heinrich Schickhardts, des Renaissance-Architekten, welcher die Stadtanlage geplant und auch den für ganz Deutschland ziemlich einzigartigen, nach Männern und Frauen durch eine rechtwinklige Konstruktion getrennten Kirchenbau erstellt hatte.

Zum Kernbestand deutscher Kultur gehört natürlich die Riege der Schriftsteller und Dichter, allen voran die Weimarer Dioskuren. Es sind aber nicht nur ihre Geburts- oder Wirkungsstätten wie Weimar, Jena, Rudolstadt, Dornburg oder Ilmenau, derer sich diese Gemeinden gern bedienen. Das völlig unbekannte Artern etwa nimmt die wenigen Stunden, die der Dichterfürst hier verbrachte, zum Anlass, sich als Genius Loci zu inszenieren, an welchem der Weimarer die Inspiration für sein idyllisches Epos „Hermann und Dorothea" empfangen haben soll, und nennt die entsprechende Serie großspurig „Goethegeld". (Vgl. S. 10.)

Das Autorenspektrum, welches die Notgeldscheine aufrufen, ist erstaunlich breit gefächert. Von Clemens Brentano (Ehrenbreitstein) über Wilhelm Busch (Wiedensahl, Stolzenau), Gustav Freytag (Siebleben, Kreuzburg/Oberschlesien), Friedrich Hebbel (Wesselburen), Friedrich Gottlieb Klopstock (Quedlinburg), Hermann Löns (Buchholz, Hemdingen, Fallingbostel, Soltau, Walsrode) bis hin zu Wilhelm Raabe (Braunschweig, Eschershausen)

B-Seite eines Scheins einer 4er-Serie aus Quedlinburg mit Ortsmotiven und einem Ausspruch des größten Dichters der Stadt, Friedrich Gottlieb Klopstock (1724–1803).

und Christoph Martin Wieland (Tiefurt) finden sich auf Notgeldscheinen Brustbilder deutscher Dichter, meist mit Zitaten versehen. Besonders gesucht sind natürlich Aussprüche, die nationales Selbstwertgefühl zum Ausdruck bringen, wie etwa Verse aus dem Deutschlandlied Hoffmann von Fallerslebens (Höxter, Fallersleben). Einige neuere Autoren wie Hermann Sudermann (Heydekrug) oder Victor Blüthgen (Zörbig) finden aber ebenso Erwähnung. Die Detlev-von-Liliencron-Gesellschaft in Altrahlstedt (heute ein Stadtteil von Hamburg) gab sogar eine sündhafte teure (1, 2, 5, 10 und 25 Mk. = 43 Mk.!) und deshalb wohl ziemlich unverkäufliche Serie heraus (die dann später, überstempelt, in der Hochinflationsphase als Zahlungsmittel doch noch zum Realeinsatz kam).

Goethe-Bezüge und Reminiszenzen finden sich auf Scheinen von mindestens 30 verschiedenen Städten und Gemeinden. Ob Faust, Wanderers Nachtlied oder Heidenröslein – was immer an Goethe-Versen verwertbar erschien, fand Platz und Widerhall auf Notgeldscheinen.

Das zur Geldnot passendste Zitat, aus Faust II, ziert einen Schein einer 4er-Serie aus Tiefurt: „Zu wissen sei es jedem, der's beehrt: der Zettel hier ist 75 Pf Wert" (Im Drama geht es an dieser Stelle um das inflationäre Geld-Drucken ohne ausreichende Sicherheit!).

Als revolutionär geltende Autoren wie Heinrich Heine oder Georg Büchner sucht man allerdings vergebens. Dafür finden sich mitunter noch Zitate kaum mehr gelesener Klassiker wie von Johann Heinrich Voss oder dem Anfang des 20. Jahrhunderts noch recht populären Emanuel Geibel (Malente-Gremsmühlen). Zörbig gedenkt Johann Jakob Reiskes, des großen Philologen. Vereinzelt tauchen sogar Dichter der

B-Seite von Schein 1 (von 5) der Gedenkserie für Detlev von Liliencron (1844 Altrahlstedt – 1909), ausgegeben von der gleichnamigen in Altrahlstedt (heute ein Stadtteil von Hamburg) ansässigen Gesellschaft, mit einem Zitat aus dem „Pogfred".

SERIENNOTGELD ALS DEUTSCHLAND-ERZÄHLUNG

Zwei B-Seiten einer 6er-Serie aus Schierke (Harz) mit der Darstellung von Faust und Mephistopheles als Wanderer auf dem Brocken. Die Verse laufen hier ohne jede Zäsur über alle Scheine hinweg.

A-Seite eines 75-Pf.-Scheins einer 4er-Serie aus Tiefurt bei Weimar mit dem berühmten, den Zeitverhältnissen von 1921 angepassten, Zitat aus Faust II: „Zu wissen sei es jedem, der's begehrt, der Zettel hier ist 75 Pf wert".

A-Seite von Schein 2 einer 6er-Serie aus Weimar mit Schiller-Porträt. Die B-Seite zitiert Verse aus seinem Gedicht „Hoffnung": „Es reden und träumen die Menschen viel von bessern künftigen Tagen ..."

Barockzeit auf Scheinen auf, etwa auf denen von Gräfenhainichen (Paul Gerhardt) oder Wedel bei Hamburg (Johann Rist).

Der mit Abstand meistzitierte Klassiker auf Notgeldscheinen ist Friedrich Schiller, dessen pointierte Rhetorik ja wie gemacht dazu erschien um als ewig gültige Wort-Münze von Hand zu Hand gereicht zu werden. Viele seiner Aussprüche hatten schon um 1920 den Rang von geflügelten Worten erlangt, sodass ihr Urheber gar nicht mehr genannt zu werden brauchte.

Geradezu omnipräsent ist sein Wilhelm Tell in so bekannten Zitaten wie „Wir wollen sein ein einzig Volk von Brüdern, / in keiner Not uns trennen und Gefahr" oder „Ans Vaterland, ans teure, schließ Dich an / das halte fest mit Deinem ganzen Herzen".

SERIENNOTGELD ALS DEUTSCHLAND-ERZÄHLUNG

B-Seite eines 50-Pf.-Scheins einer 3er-Serie aus Mallmitz (Oberschlesien) mit dem bekannten Schiller-Zitat aus der „Glocke": „Arbeit ist des Bürgers Zierde/Segen ist der Mühe Preis", ohne Nennung des Autors.

Kaum minder häufig taucht sein Spruch aus „Die Glocke" auf: „Arbeit ist des Bürgers Zierde, Segen ist der Mühe Preis" (Eschwege, Neidenburg, Neu-Astenberg, Pößneck, Raa-Besenbeck etc.). Als Inspirationsort für dieses Gedicht lässt es sich Rudolstadt nicht nehmen, es mit gleich zwei großen Notgeldserien auf jeweils zehn Scheinen auszubreiten.

Was die Literatur-Verwertung betraf, sah sich eine Kleinstadt in der Altmark in einer besonders komfortablen Lage: Gardelegen. Schließlich war sie die einzige, die ihre Notgeldscheine sogar mit Versen eines noch am Ort lebenden Literaten und Schon-Klassikers schmücken konnte: Otto Reutters (1870–1931), des durch seine Couplets, Lieder und Filme reichsweit bekannt gewordenen Schauspielers und Komikers. Der ließ es sich auch nicht nehmen, zur aktuellen Währungsmisere satirische Kommentare zu verfassen wie: „De Jung jammern un de Olln / Wie sind de Tiden dür. / Dat kleine Jeld könn wi beholln, / dat grote nimmt de Stür."

Es ist darüber hinaus sehr bemerkenswert, dass das Miniatur-Format der Seriennotgeldscheine viele Herausgeber nicht davon abhalten konnte, auch längere Zitate auf dem engen Raum unterzubringen, ja sogar vollständige Gedichte von zwölf oder mehr Zeilen darauf abzudrucken. Ein Paradebeispiel dafür ist die große, aus zehn Scheinen bestehende Serie aus Pößneck, die sich an einem eigentlich unmöglichen Projekt versucht: Goethes Versepos „Hermann und Dorothea" zu einer Notgeld-Se-

B-Seite eines 5-Pf.-Scheins einer 3er-Serie aus Gardelegen, dem Wohnort Otto Reutters (1870–1931), mit satirischen Versen auf diese Zeit mit ihrem „dreckigen" Geld …

SERIENNOTGELD ALS DEUTSCHLAND-ERZÄHLUNG

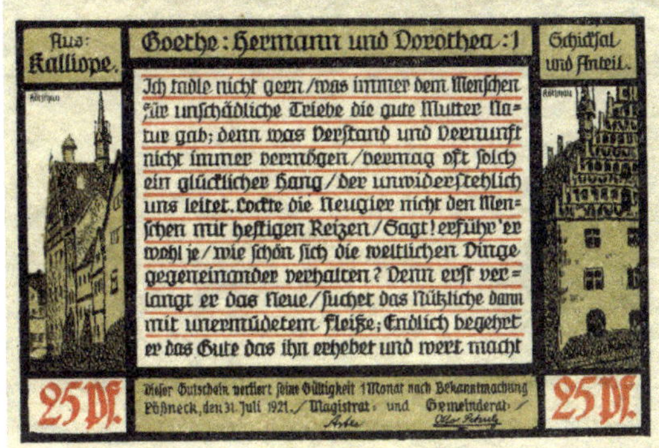

Schein 1 (A- und B-Seite) einer 10er-Serie aus Pößneck, die fast 100 Verse aus Goethes klassischem Heldengedicht „Hermann und Dorothea" von 1797 wiedergibt.

rie zu verarbeiten. Jedem der neun Gesänge des Goethe-Textes ist ein eigener Schein gewidmet; dabei werden auf dem Raum von 10 x 7 cm bis zu 10 (!) Hexameter untergebracht. Ein Beispiel:

> *Und es sagte darauf der edle verständige Pfarrherr,*
> *„.... Ich tadle nicht gern, was immer dem Menschen*
> *Für unschädliche Triebe die gute Mutter Natur gab;*
> *Denn was Verstand und Vernunft nicht immer vermögen, vermag oft*
> *Solch ein glücklicher Hang, der unwiderstehlich uns leitet.*
> *Lockte die Neugier nicht den Menschen mit heftigen Reizen,*
> *Sagt! erführ' er wohl je, wie schön sich die weltlichen Dinge*
> *Gegeneinander verhalten? Denn erst verlangt er das Neue,*
> *Suchet das Nützliche dann mit unermüdetem Fleiße;*
> *Endlich begehrt er das Gute, das ihn erhebet und wert macht.*

Aber auch andere Gemeinden versuchten ein Maximum an Literaturvermittlung zu leisten: So bietet etwa Königswinter eine Blütenlese lyrischer Rheinromantik mit Versen von Uhland, Eichendorff und anderen. Schopfheim im Wiesental im südlichen Schwarzwald belässt es dagegen bei Kernzitaten aus den „Alemannischen Gedichten" seines bekanntesten Sohnes Johann Peter Hebel – darunter natürlich ebenfalls sein berühmtes „Weisch, wo der Weg zum Gulden isch?" Doch nicht immer wird auch der (klassische) Autor genannt, wie auf manchen Scheinen der Stadt Genthin, die epigrammatisch verdichtete Lebensweisheiten aus Gedichten von Theodor Storm oder sogar des Barock-Dichters Friedrich von Logau wiedergeben.

Weit über 90 % aller Notgeld-Serienscheine vermitteln ihre Wort-Botschaften „lyrisch", also mithilfe von Vers und Reim. Die Abkehr von der Prosa erscheint dabei so entschieden, dass sich geradezu von einem „Willen zum Vers" sprechen lässt. Mehrere Gründe lassen sich dafür nennen:

1. Vermaß und Reim galten – werbetechnisch gesehen – in den 1920er Jahren als mnemotechnisch besonders erfolgreiche Strategien, Botschaften im Gedächtnis der Adressaten zu verankern. Niemals zuvor und niemals danach haben Markenartikel-Produzenten so viele Werbereim-Wettbewerbe ausgeschrieben wie in den 20er Jahren.
2. Versifizierte Notgeldscheine stellen sich bewusst in die Tradition der deutschen Hochklassik, aus deren Fundus sie nicht nur intensiv zitieren, sondern diesen durch neue Schöpfungen geradezu fortschreiben wollen, um zu zeigen, dass die deutsche Klassik nahtlos bis in die Gegenwart reicht.
3. Versifizierte und gereimte Lebensmaximen bieten eine Art Wertkompensation. Sie sollen wie Epitaphe wirken, „ewige" Werte heraufbeschwören, welche die Scheine selbst als reale, zeitlich und örtlich limitierte Zahlungsmittel nicht einlösen können. Sie demonstrieren über ihren „Zusatznutzen", was jenseits der aufgedruckten Zahlenwerte „wirklich" zählt.
4. Seriennotgeldscheine sind der poetische, aus regionalen und lokalen Ressourcen erwachsene Gegenentwurf zur nüchternen ‚Prosa' der ‚großen' Realpolitik: Sie beweisen den unerschöpflichen kulturellen Reichtum des „Landes der Dichter und Denker", das in Wirklichkeit verarmt ist, unter dem Diktat des Versailler Vertrages leidet, und dessen politische, ökonomische und soziale Situation desolat ist.
5. Da bis zu 97 % der Notgeldscheine nicht eingelöst, sondern gesammelt wurden, macht dies die entstehenden Sammlungen zu „Poesiealben", die ein Stück Wissens- und Literaturvermittlung leisten. Sie transportieren in literarischer Form ein breites Spektrum politischer, geografischer, historischer, landeskundlicher und anderer Kenntnisse.

Die Spannbreite der eingesetzten Versmuster ist durchaus beeindruckend. Am häufigsten begegnet der universell einsetzbare und in der Tradition des literarischen Epigramms stehende gereimte Zweizeiler, der sowohl zur Auslobung von Waren oder Sehenswürdigkeiten als auch als allgemeiner Sinn- oder Kalenderspruch oder in satirischer Absicht eingesetzt wird. Hier und da finden sich aber auch klassische Metren wie Hexameter (Nördlingen) oder Distichon (Halstenbek), einmal sogar eine alkäische Ode (Malente-Gremsmühlen), darüber hinaus gelegentlich lateinische Zitate (Dalhausen, Dietz, Koberg, Broacker). Treuenbrietzen gibt dem lateinischen

Die B-Seiten der kompletten 6er-Serie aus Apolda erzählen die in der bildenden Kunst häufig thematisierte Geschichte des Jungbrunnens (z. B. bei Lucas Cranach) in einer auf Apolda gemünzten Version ...

Distichon sogar die deutsche Übersetzung bei („haec urbs promeruit, qua brietia fida vocetur, principibus belli tempore fida fuit“ = „Dies ist die Stadt, die verdient, dass sie Treuenbrietzen genannt wird, / denn in den Zeiten des Kriegs blieb sie den Fürsten getreu“).

Im Hinblick auf die Vermittlungsleistung des literarischen Erbes liegt jedoch der besondere Wert des Seriennotgelds im Versuch, einen großen Schatz regionaler und lokaler Sagen, Balladen und Anekdoten landesweit bekannt zu machen – so als habe das Medium selbst damit erst zu seiner Bestimmung gefunden als legitimer Nachfolger der Neuruppiner Bilderbogen und der Bildergeschichten Wilhelm Buschs. Wie breit angelegt dabei allein die Texte, die sich unter die Kategorie „Sage“ einordnen lassen, waren, verdeutlicht folgende bei Weitem nicht vollständige Liste mit zwölf Beispielen. Da findet sich neben der „Sage vom sächsischen Prinzenraub“ (8 Scheine; Altenburg) die Sage von der „Apold'schen Weibermühle“ (6 S.; Apolda), die „Sage

Die vier B-Seiten der 4er-Serie der Stadt Gera bieten – unter Einbeziehung des Ortsnamens – eine auch grafisch beeindruckende Darstellung der Stadtgeschichte vom Mittelalter (Sächsischer Bruderkrieg 1450) bis in die traurige Gegenwart 1921 in epigrammatischer Zuspitzung.

vom kopflosen Schimmelreiter“ (4 S.; Berga), die „Sage von der Hinrichtung der Ettlinger Ratsherrn“ (6 S.; Ettlingen), die „Sage von Nickel von Minckwitz“ (15 S.; Fürstenwalde), die „Sage vom Gollnower Husar“ (6 S.; Gollnow), die „Sage vom Dudeldei“ (8 S.; Jeßnitz), die „Sage vom Mönchsstein“ (6 S., Manebach/Thüringen), die „Sage vom Advokatensteig“ (4 S.; Münchenbernsdorf), die „Sage vom Räuberhauptmann Heine“ (10 S.; Pritzwalk), die „Sage vom verblendeten Schäfer“ (6 S.; Stadtlengsfeld) oder die „Sage vom Silberberg“ (4 S.; Wünschendorf). Stoffe wie diese wurden nun auf vier, sechs, acht, zwölf oder noch mehr Scheinen genüsslich ausgebreitet, um mit einer solch einzigartigen Geschichte natürlich auch die Besonderheit der Ausgabestelle festzuschreiben und landesweit zur Gelt-ung zu bringen. Wer keine erzählfähige Sage in seiner nächsten Umgebung fand, suchte nach ähnlich attraktiven Erzählstoffen und bedruckte seine Scheine mit Rezepten aus der regionalen Küche (wie etwa die Kloßrezepte aus Auerbach oder Meiningen) oder griff gar zur Gattung des Lehrgedichts (Sömmerda: Handhabung des Zündnadelgewehrs). Am häufigsten begegnet die Aufbereitung der Ortsgeschichte zu einer stichwortartig zusammengefassten Versballade (Gera, Schalkau, Gebesee).

SERIENNOTGELD ALS DEUTSCHLAND-ERZÄHLUNG

Aber auch eine ganze Reihe von Humoresken und Satiren, gern auch im Dialekt, sowie eine ganze Reihe von Liedern (Detmold: Schlacht im Teutoburger Wald; Stotel: Friesenlied) fand Würdigung und Wiedergabe auf Seriennotgeldscheinen.

Daneben nahm selbstverständlich die zeitgemäße Umarbeitung literarischer Vorlagen durch am Ort lebende Autoren und Grafiker großen Raum ein, wie etwa auf der 6er-Serie der Stadt Gatersleben, auf der sich Max und Moritz im Jahr 1921 als inzwischen gewiefte Schieber präsentierten.

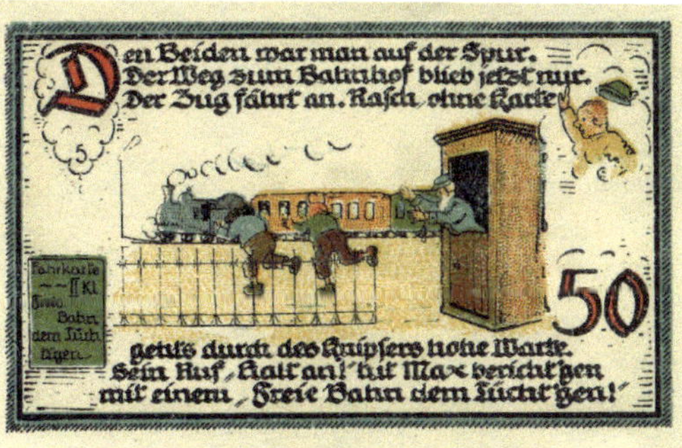

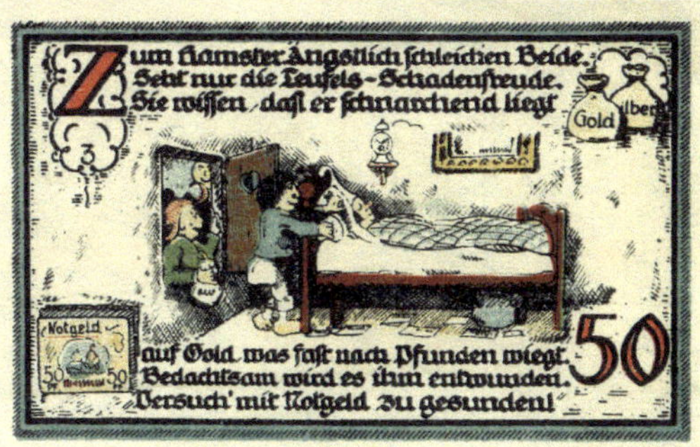

Die komplette 6er-Serie aus Gatersleben erzählt auf den B-Seiten die Geschichte von Max und Moritz neu – als gewiefte Schieber, die am Ende sogar noch auf Amnestie rechnen dürfen …

SERIENNOTGELD ALS DEUTSCHLAND-ERZÄHLUNG

Wie weit der regionale Eigensinn im Einzelfall dabei gehen konnte, zeigt die kleine 3er-Serie vom „seligen Ende“ des stets betrunkenen Boten von Hüls (Stadtteil von Krefeld) in ihrer extrem dialektalen Gestaltung, die schon wenige Kilometer außerhalb Krefelds jeden Leser vor massive Verständnisprobleme gestellt haben dürfte.

Moet Haar on hatt niet all de flott / Fährt hei von Höls d'm Bott / Et ös de juen alden Tied / Hä stopp si Pief und flött dat Lied / Ne has dä hüpp nä pich dä krüp / On ene verstängige Mensch dä süpp.

Et dränk ne groode Pott Schabau / Von Höls d'm Bott/ On sät dabei – hä, wor jett vool. / Dein größter Feind ist Alkohol, / doch in der Bibel steht geschrieben: / Du sollst auch deine Feinde lieben.

Hei ruht en Gott von Höls d'm Bott / Lästig gelävt sellig gestorve / On de düwel et handwerk verdorve / Sei ihm gnädig här wie er dir wär / Wenn hä Gott / on höls d'm Bott.

Exkurs 3

Pleiten, Pech und Pannen oder: Schilda lebt

Mitunter präsentiert (Serien-)Notgeld lokale Anekdoten, die an die Streiche der Bürger von Schilda erinnern. Da erzählt ein Schein in westfälischem Platt aus der Kreisstadt Beckum bei Bielefeld, der Bürgermeister habe über der Sonnenuhr am Marktturm eigens ein Dach anbringen lassen, um diese vor Sonneneinstrahlung zu schützen.

Aus Burgsteinfurt berichtet eine Serie von zwölf Scheinen von den Anstrengungen der Gemeinde beim geplanten Anschluss an das Eisenbahnnetz. Das Prozedere zog sich über fast drei Jahre, von 1853 bis 1855 hin – bis die hochfliegenden Pläne und verfrüht angesetzten Jubelfeiern kleinlaut begraben wurden und als Endergebnis die Reparatur der Kegelbahn „als Ersatz für die nicht erhaltene Eisenbahn“ übrigblieb.

Als würdiger Nachfahre im Geist Schildas zeigt sich der Stadtrat von Schöppenstedt: Dieser hatte beschlossen, einen

B-Seite des 25-Pf.-Werts einer 2er-Serie aus Beckum, der in westfälischem Platt die schildbürgerhafte Anordnung des Bürgermeisters wiedergibt, über der Sonnenuhr am Rathaus ein Dach anzubringen, um sie vor Sonneneinstrahlung zu schützen ...

Auf der B-Seite des finalen Scheins der 12er-Serie von Burgsteinfurt enden die Träume vom zukünftigen Eisenbahnanschluss in der kleinstdenkbaren Lösung: „Reparirung der Kegelbahn“.

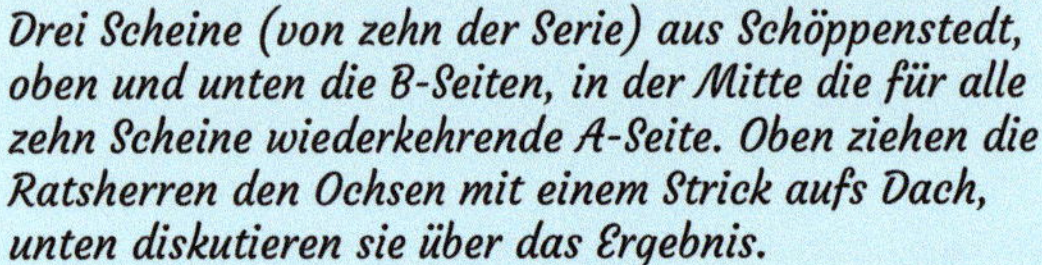

Drei Scheine (von zehn der Serie) aus Schöppenstedt, oben und unten die B-Seiten, in der Mitte die für alle zehn Scheine wiederkehrende A-Seite. Oben ziehen die Ratsherren den Ochsen mit einem Strick aufs Dach, unten diskutieren sie über das Ergebnis.

B-Seiten zweier Scheine einer 6er-Serie aus Ruhla mit grotesken Beispielen aus dem Lebensalltag der Bürger, die unter zwei verschiedenen Verwaltungen litten, wie etwa dem „Grenzverkehr" im ehelichen Schlafzimmer (oben).

Die B-Seite von Schein 6 zeigt die finanziellen Verhältnisse des zweigeteilten Ruhla durch verschieden große Geldsäcke …

Ochsen per Seil auf das Dach des Kirchturms hochzuziehen, auf dem besonders fettes Gras gewachsen war. Als dem Tier schon die Zunge heraushing, deuteten die Umstehenden das als Zeichen, als ob der Ochse sich auf das fette Gras besonders freue: „Und as em nun de Luft utgung, / de Tung em ut dem Halse hung / da schreen de Lüde alltomal: / ‚Hei licket all, hei licket all!‘“ In der Tat zeichnete der Grafiker Günter Clausen den Schöppenstedter Kirchturm dabei so, als habe er durch diese Aktion einen Knick davongetragen: „Und as de Ossentreckerie / Mit Schmipf und Schanne was vorbie / Drun stund der Kerktor ganz scheiw da. / Ok jetze noch. Hallejuja!“

Die Tücken der Lokalpolitik dokumentiert auch eine 6er-Serie der Stadt Ruhla, auf welcher der Heimatautor Arno Schlothauer die grotesken Verwicklungen aufgrund der bis 1920 noch getrennt verwalteten – von Sachsen-Gotha und Sachsen-Eisenach – Ortsteile der Gemeinde darstellt. In dieser Zeit war es zu absurden Szenen gekommen, wenn sich etwa zwei Feuerwehren um das Recht zu löschen stritten oder die Teilung von Wohnhäusern zu abenteuerlichem Grenzverkehr in den Schlafzimmern führte.

Im Begleittext zur Tüte, in welcher die sechs Scheine den Sammlern angeboten wurden, heißt es: „In finanzieller Hinsicht waren die Folgen der Zweiteilung besonders drastisch, hatte doch beispielsweise der Goathische Ortsteil an viermal soviel Straßen zu unterhalten und die doppelte Anzahl Lehrer zu bezahlen als die weimarische Schwestergemeinde, die nicht mit Unrecht das Millionenviertel Ruhlas genannt wurde. Der Kämmerer konnte deshalb mit dem ganzen Gesichte lachen. Der goathische Kollege konnte nicht ganz so tief im Gelde wühlen, und er lachte des-

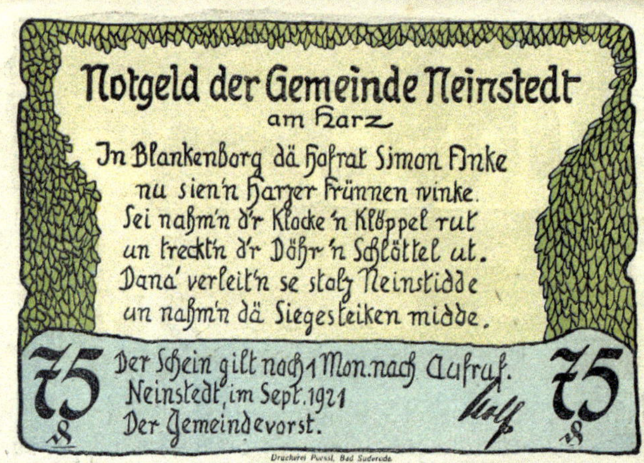

Der 75-Pf.-Wert der 6er-Serie aus Neinstedt am Harz zeigt die Entwendung von Schlüssel und Klöppeln der Kirche (Schein 4 von 6, A- und B-Seite) im Harzer Dialekt.

halb auch nur mit einem Auge, während er mit dem anderen ob der ungerechten Verteilung irdischen Mammons bittere Tränen vergoss …“

Eine ebenfalls historisch verbürgte Lokal-Posse verarbeiten sechs Scheine aus Neinstedt am Harz. Hier ging es um die Besetzung einer Pfarrstelle im Jahre 1661, über die sich die davon betroffenen Blankenburger und Halberstädter nicht einigen konnten. Aufgrund von historischen Grenzverschiebungen gehörten sie jetzt zu unterschiedlichen Herrschaftsgebieten, wodurch die Zuständigkeit für die Einsetzung des Pfarrers Höhne strittig war. In dieser Situation kam die eine Partei auf die Idee, nicht nur den Schlüssel zur Kirche, sondern auch gleich den Klöppel der Glocke zu entwenden, um die andere zum Einlenken zu veranlassen. Mangel an Nahrung und Trinkwasser zwangen dann schließlich beide Parteien doch dazu, die Angelegenheit friedlich zu Ende zu bringen.

Von „heldenhaften“ Taten seiner Bürger weiß auch die Serie der Stadt Zörbig zu berichten: „Durch Zippelzörbigs Straßen / mit seiner Schelle ging / und rief vor allen Häusern / Wachtmeister Lenterling: ‚In Stumsdorf auf dem Bahnhof, / Ihr Bürger ans Gewehr!, / entsprungen zwanzig Turcos / und sind im Marsch hierher. Auf denn, sie einzufangen, / ihr Bürger dieser Stadt, / auf, wer nur eine Flinte / und Mut im Leibe hat.‘ Da fasst das Volk ein Grausen, / man flüchtet, schreit und rennt, / es greift nach seiner Büchse / der Superintendent. Und als die andern Bürger / den frommen Krieger schaun, / da eilen zu den Waffen / selbst Greis und Kind und Fraun. Und schreiten kühn gen Stumpfdorf / auf die Kabylenjagd, / nur dem und jenem ängstlich / das Herz im Leibe zagt. Und rücken auf den Bahnhof. / Da fragt der Inspekteur: ‚Ihr Herrn von Zippelzörbig: Was führt euch denn hierher? Kein Turco ist entsprungen, / kein Kaffer hier entflohn, / zieht friedlich nur nach Hause, / Urvater – Vater – Sohn. Man hat, um zu erproben / der Zörbger tapfres Herz / mit euch sich wohl gestattet / nur einen Jägerscherz.‘ Da haben sich die Tapfen / die Heldenstirn gewischt, / Herr Lenterling, der lachte: ‚Seht ihr, s’war wieder nischt!‘“

Nur einen einzigen Schein brauchte die Stadt Oelde in Westfalen, um vom berühmtesten Strafmandat aller Zeiten zu berichten: gegen einen Kupferschmied aus ihrer Stadt. Dieser Fall – bereits 1908 geschehen – hatte es durch einen Bericht der New York Times zu weltweiter Bekanntheit gebracht. Mit fünf Mark ließen sich die Oelder ihre Schildbürgergeschichte auch noch 13 Jahre später fürstlich bezahlen: „Der Kupferschmied, den man hier schaut, / der pupte eines Abends laut, / ein Schutzmann nahm ihn voll Empörung / in Strafe wegen Ruhestörung. / Da legt‘ der Schmied Berufung ein, / solch Ton könnt‘ kein Verbrechen sein, / auch hätte er auf leeren Straßen / nur ‚Oelder Winde‘ fahren lassen. / ‚Die Glocke‘ meldete den Fall / alsbald dem ganzen Erdenball, / und überall erscholl das Liedchen / vom ‚fahrlässigen‘ Kupferschmiedchen.“

A- und B-Seite eines Einzelscheins aus Oelde (Westfalen), der die Geschichte eines polizeilich verhängten Bußgelds infolge einer berühmt gewordenen Ordnungswidrigkeit (Furzen in der Öffentlichkeit) erzählt.

(SATIRISCHER) KAUFKRAFT-DISKURS

Was das „offizielle", auf Autorität pochende Geld nie wagen konnte, tat das städtische (Serien-)Notgeld in aller Eindringlichkeit: Es räsonierte offen über seinen Unwert, seine Nutz- und Sinnlosigkeit. Geld, das auf diese Weise über sich selbst nachdachte, ja als Karikatur seiner selbst auftrat, hatte es so in der Geschichte noch nie gegeben. Sein Kaufkraft-Diskurs wird dabei zum Spiegel verschiedenster menschlicher Grundhaltungen. Sie reichen vom demütigen Sich-Ergeben ins Schicksal bis hin zu rasendem Zorn gegen das brutale und „ungerechte" Diktat der Siegermächte als Verursacher des deutschen Elends – mit entsprechend großer Spannweite an Präsentationsformen in Wort und Bild, vom stillen Gebet bis hin zur ätzenden Satire. Zwischen diesen Extremen finden sich immer wieder nüchterne Analysen der Lage, wie auf der 3er-Serie der Gemeinde Großrudestedt (text- und bildgleich auch Schlossvippach): „Die Not des Krieges, die Schäden aus Exzessen haben die Kassen der Städte leergefressen./Die Republik hat die Steuern genommen, von der die Städte nichts wiederbekommen./Geldnoten aus Geldnot druckt's Reich in ewiger Kette, und Notgeld aus Geldnot die deutschen Städte."

All dies geschieht vor dem Hintergrund der Bewertung der Zeit als einer grundsätzlich schlechten, die geprägt ist vom Aufkommen bestimmter Negativ-Typen wie dem Hamsterer, dem Wucherer und dem Schieber. Notgeldscheine, die dieses Themenspektrum aufgreifen, werden in der Folgezeit Legion. Den Anfang macht noch während des Krieges im November 1918 die Stadt Ansbach: „Wie kommen die Soldaten in den Himmel? Auf einem weißen Schimmel ...", heißt es da (nach dem Text des Soldatenlieds „Ein Schifflein sah ich fahren") auf dem „positiven" 25-Pf.-Schein, das „negative" 50-Pf.-Gegenstück dazu ist eine von den Zeitverhältnissen diktierte Neudichtung: „Wie kommen die Wucherer in die Hölle? Auf einem schwarzen Fohlen soll sie der Teufel holen ..."

B-Seiten eines 25- und 50-Pf.-Kleingeldscheins aus Ansbach vom 1. November 1918, die die gerechte Bestrafung der Wucherer bzw. die Belohnung der Soldaten zeigen.

SERIENNOTGELD ALS DEUTSCHLAND-ERZÄHLUNG

Die A-Seite des 25-Pf.-Scheins einer 2er-Serie aus Greußen zeigt die Entwicklung von Größen und Preisen bei Ferkeln 1913 und 1920.

Liebend gern wird die Erinnerung an die „gute alte Zeit" beschworen, als das Geld noch Kaufkraft besaß und ein fettes Schwein (1913) für 100 Mark zu haben war, wogegen jetzt (1921) ein mageres mindestens 500 Mark kostet.

Gleiches gilt für das Preis-Leistungs-Verhältnis für Schweinernes in gebratener Form: „Die Rostbratwurst sah bessere Zeiten. Wie zog sie einst sich in die Weiten. War vor dem Krieg ein drittel Meter. Doch jetzt – kaum zwanzig Zentimeter ..." (Eisenberg (Thüringen))

Das Städtchen Forst in der Lausitz klagt: „Mit 25 Pfennigen ging früher der Bauer aus, / jetzt schauen die Hamstergelder bei ihm zum Schornstein raus." Und Tegernsee jammert: „Drei Kreuzer die Wurst, sechs das Maß Bier. / Gold, Silber und Kupfer – statt Papier. / Nicht Schieber, nicht Wucherer weit und breit, / das war – eine köstliche Zeit."

In aller Schärfe bricht jetzt der klassische Gegensatz zwischen Stadt und Land auf, wobei auch manch alte offene Rechnung beglichen wird. Altenwerder/

Die A- und B-Seite eines Einzelscheins zeigen das zentimeterweise Schrumpfen der Rostbratwurst von 33 cm (1913) auf 20 cm (1918), sofern sie über Lebensmittelkarten überhaupt noch zu bekommen war ...

Die B-Seite des Scheins einer 6er-Serie aus Altenwerder/Finkenwärder zeigt in einer allegorischen Karikatur die Großstadt Hamburg als nach Milch und Obst gieriges Monster.

A- und B-Seite des Scheins einer 4er-Serie der Sparkasse des vormaligen Amtes Freren bei Hannover mit drastischen Darstellungen der Hamstererplage.

Finkenwärder, vor den Toren Hamburgs im Alten Land gelegen, zahlt den arroganten Hansestädtern, die jetzt in Scharen mit ihren Wertsachen aufs Land strömen, um dafür Lebensmittel zu ergattern, mit beißendem Spott ihre Hochnäsigkeit in einer Monsterkrake heim, deren Gesicht aus dem Hamburger Stadtwappen geschnitten ist: „Ach, wenn Du wärst mein Eigen".

Ähnlich fühlt sich Freren bei Hannover wie von Heuschreckenschwärmen heimgesucht: „Dem Hamsterheere wohlbekannt ist Freren im Hannoverland." Schließlich gibt es hier Eier, Schinken und Würste abzugreifen, auf der Rückseite des Scheins als „Hamsterers Traum" bezeichnet.

Einen Kaufkraft-Diskurs der eher nachdenklichen Art bietet dagegen das Städtchen Melle bei Osnabrück. Da übergibt ein Bauer einer hungernden Frau und ihren Kindern einen Sack Kartoffeln. Umrahmt wird die Szene mit einem Sinnspruch von der Qualität eines Angelus Silesius: „Ich bin ein Schein und bin nur Schein, / bin Geldeswert und bin nichts wert. / Was Dein Du nennst, das wird erst Dein, / wenn Fleiß, wenn Treue wiederkehrt."

Gerade die Scheine dieser Kleinstadt zeichnen sich aufgrund gekonnt epigrammatischer Zuspitzung aus der Feder eines unbekannten Verfassers aus – über den extrem angewachsenen Kaufkraft-Unterschied zwischen der Mark und dem niederländischen Gulden lässt sich ein 25-Pf.-Wert aus: „Wenn vier von uns zusammenstehn, / dann sind wir eine Mark. / Wenn hundert Mark nach Holland gehn, / so sind sie dort nur Quark, / doch wenn nun gar zu uns ins Land / den Weg ein Guldenzettel fand, / o heilige Valute, / wie wird uns da zu Mute!" Was dieses Kaufkraft-Gefälle für das soziale Gefüge einer Stadt hart an der Grenze bedeutet, führt Goch am Niederrhein eindrucksvoll vor: In Scharen fallen schlanke Niederländer in das „Warenhaus Deutschland" ein, um neu eingekleidet wieder davonzuziehen, nachdem sie sich zu Spottpreisen auch noch vollgefressen haben: „In Scharen kommen Holländer, / denn ihre Gulden wiegen schwer" und „Hier wir das Wunder schnell vollbracht, / wie man sich schön und rundlich macht."

Die B-Seite eines 25-Pf.-Werts einer 6er-Serie aus Melle bei Osnabrück, von Käthe Ohlshausen-Schönberger gezeichnet, zeigt realistisch und unsentimental die Übergabe eines Sacks Kartoffeln an eine hungernde Frau und deren Kinder.

B-Seiten von zwei 75-Pf.-Werten einer von Georg Kötschau gestalteten 6er-Serie aus Goch (Niederrhein). Thema ist hier das „Loch im Westen“ bzw. der massenhafte Einfall kaufkräftiger Niederländer links, die sich mit ihren guten Gulden im „Warenhaus Deutschland“ rechts billigst versorgen und, bevor sie gehen, noch richtig vollfressen.

A-Seite eines noch als Verkehrsausgabe geltenden 25-Pf.-Einzelscheins aus Neustrelitz vom Oktober 1920 mit dem bald so populären Motiv des verarmten Durchschnitts-Zeitgenossen.

A-Seite eines ebenfalls noch als Verkehrsausgabe geltenden 25-Pf.-Einzelscheins aus Strelitz vom Februar 1921 mit dem Schieber als Gegenstück zum „armen Heinerle".

Ende Februar 1921 geht das „arme Heinerle" in die Serie, hier die B-Seite des 1-Mark-Scheins einer 3er-Serie (nach Strelitz-Vorbild) der Stadt Lobejün in Brandenburg.

B-Seite eines 75-Pf.-Scheins einer 4er-Serie (Motiv 4 von 4) aus Papenburg (Emsland). Der Steuereintreiber: „Das Geld muss man von den Leuten nehmen, von den Bäumen schütteln kann mans nicht!" Doch der Normal-Bürger (hier als deutscher Michel) zeigt ihm nur seine leeren Taschen ...

Der Gegensatz zwischen Arm und Reich, zwischen dem hungernden Normalbürger und dem gewieften Kriegsgewinnler, Wucherer und Schieber gerät zu einer Darstellungsgeschichte eigener Art. Den Ur-Impuls dazu geben die beiden Scheine der Mecklenburger Gemeinden Strelitz und Neustrelitz im Oktober 1920 und Februar 1921.

Auf dem einen wird erstmals die Figur des verarmten Durchschnitts-Zeitgenossen präsentiert, auf dem anderen posiert und produziert sich dessen Gegenstück: der skrupellose Schieber und Wucherer mit seinen Geldbündeln und der dicken Zigarre.

Der am 1. Oktober 1920 herausgegebene 25-Pf.-Wert aus Neustrelitz (in Sammlerkreisen als „armes Heinerle“ bezeichnet) ist nicht ohne Nachfolger geblieben, wie ein Ende Februar 1921 ausgegebenes 50-Pf.-Plagiat aus dem brandenburgischen Lobejün zeigt.

Etwas mehr an Fantasie im Umgang mit dem Original beweist Papenburg mit dessen Weiterverarbeitung zum deutschen Michel, der dem Geldeintreiber seine leeren Taschen zeigt.

Die Figur des Schiebers auf dem Schein der Stadt Strelitz vom Februar 1921 ist dabei so überzeugend geraten, dass sie während der gesamten deutschen Notgeld-Epoche nicht mehr überboten werden wird – auch wenn es an Verteufelungen dieses Typs in der Folgezeit keineswegs mangelt. Probstzella, ein 1.000-Seelen-Dorf im Südosten Thüringens, etwa klagt: „Ach, hätten wir das Hochgericht der alten Zeit noch stehn / Und könnten alle Wucherer am Galgen baumeln sehn!“

Was hier noch als Wunsch formuliert wird, führen andere Gemeinden in Wort und Bild längst aus. Verden an der Aller zeigt einen Käfig, in welchen die Schieber in früheren Zeiten gesperrt und zur Strafe ins Wasser getunkt wurden.

B-Seite eines 50-Pf.-Scheines einer 4er-Serie aus Verden (Aller) mit der Darstellung eines historischen Strafgerichts, bei welchem die Schieber und Wucherer, die ihren Hals ja nie vollkriegten, dementsprechend lange in einem Käfig ins Wasser getunkt wurden.

Noch weiter geht Tostedt im Landkreis Hamburg-Harburg und zeigt sie bereits an Bäumen aufgehängt: „So muess dat all de Schiebers gahn, denn künnt um Deutschland baetter stahn."

Eine ganze Reihe von Scheinen geißelt aber nicht die Auswüchse der Zeit, sondern versucht der berechtigten (?) Hoffnung Raum zu geben, dass sich Deutschland dank der Charakterstärke seiner Einwohner aus dem Elend wieder herausarbeiten werde. Die Stadt Roda formuliert es so: „Deutsches Volk und dicke Eiche / Euer Schicksal ist das gleiche! / Die Eiche wächst neu. Des Volkes Kraft / an neuer deutscher Zukunft schafft." Nicht ohne Stolz werden „deutsche" Tugenden ins Feld geführt wie Fleiß, Sparsamkeit, Disziplin, Durchhaltevermögen, Erfindungsreichtum. Und immer wieder heißt es: „Arbeiten und nicht verzweifeln!" In diesem Sinne zeigt der Kreishandwerkerbund Stolzenau (Niedersachsen) verschiedene Handwerker bei der Arbeit, unter anderen einen Schmied mitsamt dem

Dieser Einzelschein aus Tostedt erregte landesweit Aufsehen. Die Sammlerzeitschrift „Notgeld-Börse" schrieb: „Zur Aufbesserung seiner Finanzen hatte der Gemeinderat von Tostedt (bei Harburg an der Elbe) voriges Jahr 100.000 Stück Notgeldscheine zu 50 Pfennig herausgegeben. Die Vorderseite des Scheines zeigte einen Baum, an dessen Ästen zwei dicke Schieber aufgehängt waren. Mehrere Raben flogen über die Köpfe der Gehenkten. Darunter standen die Worte: ‚So müß dat all de Schieber gahn, dann künnts um Deutschland baeter stahn.' Die Scheine fanden reißenden Absatz. Kurz nach der Ausgabe gelangte an den Gemeinderat ein Schreiben der Regierung, mit dem diese die Genehmigung zur Ausgabe des Notgelds versagte. Der Gemeinderat erließ einen Aufruf zur Einlösung, es wurde aber nur ein einzelner Schein abgeliefert. Wegen Vergehens gegen das Bankgesetz hatte sich nun der Gemeindeausschuss von Tostedt vor der Strafkammer in Stade zu verantworten. Die Strafkammer erkannte auf Freispruch."

Die B-Seite eines Scheins einer 12er-Serie des Kreishandwerkerbunds Stolzenau bei Hannover preist „deutsche" Handwerkstugenden als Garanten für den baldigen Wiederaufstieg.

B-Seite eines Scheins einer 12er-Serie aus Bitterfeld, die mit Respekt heischenden Zahlen aus der dortigen Wirtschaftsregion (wie hier z. B. die Braunkohleförderung von fast 9 Mio. Tonnen 1920) aufwartet.

Spruch: „Was eine deutsche Hand erschafft / hat doppelt Wert und doppelt Kraft." Vom Schneidergewerbe heißt es: „Strebender Geist und tätige Hand / ziehen den Segen ins Vaterland!" Und vom Schuhmacher: „Was deutsch und echt, wüsst' keiner mehr, / lebt's nicht in deutscher Meister Ehr!"

Andere Scheine verweisen auf vorhandene Ressourcen wie etwa die reichen Kohle- oder Kalivorkommen, welche der Hoffnung für den baldigen Wiederaufstieg Deutschlands Nahrung geben sollen. Bitterfeld beschwört die nach wie vor ungebrochene Wirtschaftskraft seiner Region und versucht dies mit beeindruckenden Zahlen zu untermauern.

B-Seite eines 50-Pf.-Scheins einer 3er-Serie aus Diepholz mit selbstbewusster Herausstellung der guten Ernährungslage am Ort, im regionalen Dialekt.

Sehr selbstbewusst zeigt sich das ländliche Diepholz südlich von Bremen, und polemisiert gegen die Entente, welche Deutschland gewaltige Kohlelieferungen als Reparationsforderungen entzieht. Hier jedenfalls ist man davon nicht betroffen, hat man doch ausreichend Torf zum Heizen – „Makt die Entente de Kohlen düer / Se rooft uns doch noch nich dat Fuer. / Us Torf de warmt erst bien graben / Un winters bööt wie em in Aben" – und darüber hinaus durch Gänse- und Schweinezucht nicht nur ausreichend, sondern sogar fürstlich zu essen: „De Deefholter Goos, die schmeckt all got, / veel beter as dat dröge Brot."

Natürlich wird auch immer wieder Gottvertrauen formuliert, etwa auf Scheinen aus Monschau (Eifel) unmittelbar an der Grenze zu Belgien. Die Aufforderung zum

B-Seite eines Scheins einer 3er-Serie aus Monschau mit einem deutlichen Bekenntnis zum Deutschtum.

B-Seite eines Scheins einer 2er-Serie aus Probstzella mit einem Aufschrei nach mehr bzw. besserem Geld ...

Durchhalten im örtlichen Dialekt – „Avver wat ooch all noch kött,/Gott verlässt uns Dücksche net,/düksch es Herz ond dücksch de Klaaf,/on dat höllt es noemmen av" – wird dabei gern mit einem Bekenntnis zum Deutschtum verschmolzen: „Der Kreis Monschau an der neubelgischen Grenze ist der Hüter deutschen Wesens, deutscher Art und deutschen Schaffens." Ein anderer Schein aus diesem Ort verkündet: „Deutsch im Herzen,/deutsch im Lieben,/deutsch gesinnt und/deutsch geblieben."

Die aktuelle Währungsmisere freilich ändert all dies nicht. Hier gilt die Devise, dass das „gute" Geld dableibe (d. h. in der Stadtkasse) und das emittierte Notgeld möglichst nie wieder an den Ort seiner Ausgabe zurückkehre, wie dies auf einem Schein des Harz-Städtchens Rieder sehr deutlich formuliert wird: „Gehe hin in alle Lande/Und knüpfe neue Freundschaftsbande,/doch nie kehre wieder/zurücke nach Rieder."

In der Tat hat die Geldnot das ganze Deutschland geradezu eingeebnet, sodass sogar das kleine Probstzella (Ost-Thüringen) sich überaus keck mit Millionenstädten in eine Reihe stellt: „Berlin, Probstzella, München, wir gleichen uns gar sehr,/das Kleingeld fehlt uns allen, das große noch viel mehr."

Über die historische Entwicklung zur Währungseinheit 1871 (und wieder zurück) weiß Melle trefflich zu räsonieren: „Einst hatte jedes Land im Reiche seine Währung/Jetzt herrscht vom Bodensee bis an die frische Nehrung/Münzeinheit laut Gesetz – wobei dann jede Stadt,/so Melle wie Berlin ihr eignes Stadtgeld hat."

Die Geldsatire als solche kann geradezu als das Alleinstellungsmerkmal des deutschen Seriennotgelds bezeichnet werden – auch wenn dabei immer wieder gern Anleihen im deutschen Literaturfundus gemacht und genutzt werden, wie etwa aus dem „Humoristischen Hausschatz" Wilhelm Buschs. Der dem Dichter beson-

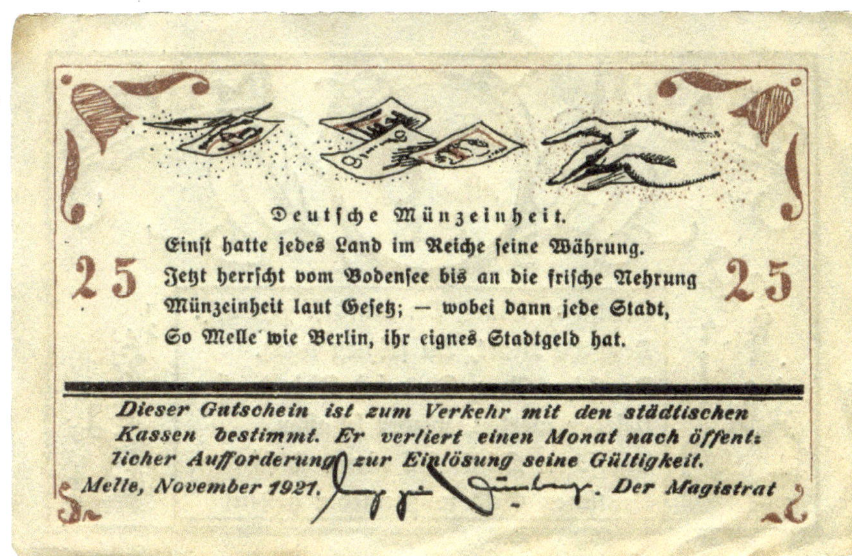

Die B-Seite eines 25-Pf.-Werts einer 6er-Serie aus Melle bei Osnabrück gibt eine Kurzlehrstunde zur historischen Währungsentwicklung …

ders verbundene Ort Stolzenau am Rübenberge zitiert aus dessen Bildergeschichte „Maler Klecksel“: „Ach, reines Glück genießt doch nie, wer zahlen soll und weiß nicht wie!“ Auch der „Senater Jobsen“ (aus Buschs „Bilder zur Jobsiade“), der seinem missratenen Sohn immer wieder finanziell unter die Arme greifen muss, taucht auf einem Schein dieser Gemeinde auf: „Fast weiß ich nicht, wo in der Welt / ich hernehmen soll alle das Geld!“

B-Seite eines Scheins einer 5er-Serie aus Stolzenau mit einem Zitat aus der Jobsiade Wilhelm Buschs: Senator Jobsen grämt sich ob der ständigen Geldforderungen seines studierenden Sohnes.

Sehr viel (Galgen-)Humor beweist eine 12er-Serie von Notgeldscheinen der Stadt Raguhn (Anhalt). Auf einem von ihnen tritt der städtische Ausrufer auf mit einer (vermeintlich) öffentlichen Bekanntmachung: „Es ist hier ein Gerücht im Schwang, / dass hier im unterird'schen Gang, / sich eine Gans zu zeigen pflegt, / die lauter goldne Eier legt. / Wer uns, dem Rat, die Gans einfängt, / kriegt dieses ganze Geld geschenkt." Ein anderer Schein aus dieser 12er-Serie predigt nach dem Motto „dont worry, be happy": „Was frag ich viel nach Geld und Gut? / Ich lass die Sorge ruhn, / und wenn das Geld mir mangeln tut, / druckt neues mir Raguhn."

B-Seiten zweier Scheine einer 12er-Serie aus Raguhn, die das Thema „Gelddrucken" in aller Ausführlichkeit satirisch beleuchten.

KAPITEL 9
Notgeld-Grafik und -Design

Bei weit mehr als 10.000 ausgegebenen Seriennotgeldscheinen musste die Qualität ihrer grafischen Gestaltung zwangsläufig unterschiedlich ausfallen. Grundsätzlich überwog der „altdeutsche“ Stil mit seinem typischen Schnörkelwerk: Wappen und Flaggen, Schilder, Speere und Rittergestalten mitsamt in Frakturschrift gesetzten Versen füllten die Scheinchen oft aus bis zum Rand. Sehr schnell an Beliebtheit gewann auch das Scherenschnitt-Design. Es kam bevorzugt dann zum Einsatz, wenn es galt, lokale Sagen und historische Begebenheiten, deren Herkunft oft im Dunkeln lag, über mehrere Stationen hinweg zu erzählen. Hier gab die finanziell so erfolgreiche Naumburger Hussiten-Serie vom Dezember 1920 (vgl. S. 49) das leuchtende Stilvorbild ab. Eine regelrechte Scherenschnittwelle war damit losgetreten, auf der mindestens 50 andere Gemeinden in der Folgezeit mitzuschwimmen versuchten.

B-Seiten verschiedener Seriennotgeldscheine in der Scherenschnittmode aus Neustrelitz (Schein 3 von 6), Grünberg (Schlesien; Schein 5 von 6), Fürstenwalde (Schein 4 von 15) und Auerbach (Schein 5 von 5).

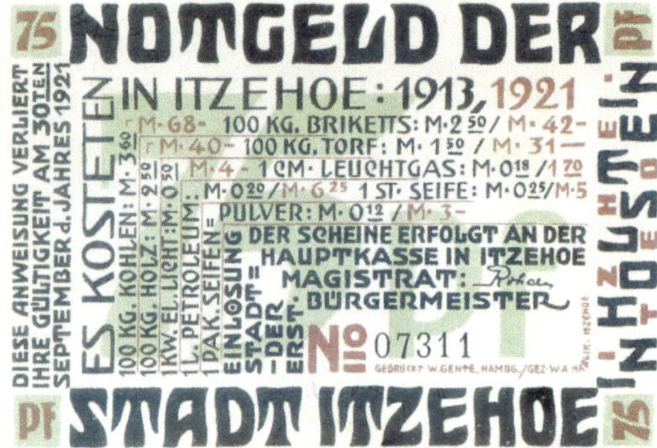

Die A-Seiten der kompletten 4er-Serie aus Itzehoe zeigen ein beeindruckendes Bild des allgemeinen Kaufkraftverfalls in Deutschland zwischen 1913 und 1920.

Anleihen beim Jugendstil oder bei zeitnahen expressionistischen Vorbildern finden sich dagegen selten. Die wenigen Ausnahmen erscheinen dafür umso bemerkenswerter wie etwa die vier Scheine aus Itzehoe. Sie zeigen, unter Vermeidung jeglichen Schmuckwerks, schonungslos und im nüchternen Bauhaus-Stil die Dynamik der Geldentwertung zwischen 1913 und 1921 anhand verschiedener Warenkörbe wie Lebens- und Genussmitteln (z. B. Kaffee, 1 kg, von 2,40 auf 56 Mk.), Energie und Bekleidung (z. B. Herrenanzug von 90 auf 1.500 Mk.). Gezeichnet hatte sie der Itzehoer Kunsthandwerker und Innenarchitekt Wenzel August Hablik (1881–1934).

In seiner grafischen Sprache ähnlich reduziert wirkt auch ein Schein aus Vegesack bei Bremen mit dem abstrakt gehaltenen Motiv eines Lastenseglers vor der Speicherstadt-Zeile – ebenso wie die von Walter Müller-Worpswede gezeichneten Scheine aus der bekannten Künstlerkolonie.

Hier und da finden sich auch Notgeldscheine mit Reminiszenzen an den längst überwundenen Jugendstil der Jahrhundertwende, etwa im Schmuckwerk eines von Carl Otto Czeschka (1878–1960) gezeichneten Scheins aus Hamburg von 1920, in der Rübezahl-Serie aus Greiffenberg (Schlesien) oder in wenigen anderen wie etwa aus Bad Kudowa (Schlesien).

50-Pf.-Einzelschein aus Vegesack (B-Seite) bei Bremen in fast schon abstrakter Darstellung der einzelnen Objekte wie des Lastenseglers oder der Speicherstadt.

Auf dem von Walter Müller-Worpswede (1901–1975) gestalteten Notgeldschein (B-Seite) werden auch die Schriftzeichen selbst zu grafischen Elementen einer abstrakten Komposition.

Die A- und B-Seite des 50-Pf.-Einzelscheins aus Hamburg vom Juni 1920 zeigen eine für einen Notgeldschein außergewöhnliche Hinwendung zur ornamentalen Gestaltung.

Die 5er-Serie aus Greiffenberg (Schlesien) mit Rübezahl-Motiven setzt ebenfalls auf das typische Jugendstil-Ornament in den rahmenden Feldern. Hier die B-Seite des 5-Mark-Scheins.

25-Pf.-Einzelschein aus Bad Kudowa (Schlesien) mit deutlichen Reminiszenzen an den Jugendstil.

Darüber hinaus fallen einzelne Notgeldscheine auf, deren Gestaltung der Formensprache des zeitgenössischen Expressionismus geschuldet ist, wie z. B. in der von Max Eschle gestalteten Serie der „Liga zum Schutz der deutschen Kultur“ aus Glauchau (s. unten).

Aus der Rückschau ein auch nur halbwegs vollständiges Verzeichnis aller Grafiker und Grafikerinnen der Seriennotgeld-Periode erstellen zu wollen erscheint unmöglich, da längst nicht alle von ihnen ihre Signatur auf den Scheinen hinterließen oder hinterlassen durften. Immerhin sind etliche Namen greifbar und teilweise auch die Umstände ihres Notgeld-Engagements bekannt. Dazu gehört die von Schwerin aus zentral organisierte, auf fünf ausgewählte Künstler zugeschnittene „Reutergeld“-Aktion in Mecklenburg-Vorpommern. Sie war für die daran beteiligten Grafiker Erich Bentrup (1891–1968), Hermann Koenemann (1871–1934), Georg Schütz (1875–1945), Egon Tschirch (1889–1948) und Richard Zscheked (1885–1954) nicht nur eine klug auf den Weg gebrachte Arbeitsbeschaffungsmaßnahme, sondern bot ihnen über das Medium einer Geldemission außerdem ein Forum, ihren jeweiligen Stil deutschlandweit einem großen Publikum zu präsentieren.

In ihrer expressionistischen Formensprache geben die vier B-Seiten einer 5er-Serie einen plastischen Eindruck von den seelischen Spannungen und wie entfesselt wirkenden Kräften der Zeit. Einige Zitate stammen aus Schillers „Glocke“.

Da jeder einzelne Schein zudem mit einem Zitat von Fritz Reuter (1810–1874) geschmückt war, kann das „Reutergeld"-Projekt für sich in Anspruch nehmen, ein Stück echter Kulturvermittlung geleistet zu haben. Wie unterschiedlich und dennoch von jeweils großer Eigenständigkeit die grafische Handschrift der fünf Künstler dabei war, zeigen beispielhaft einige ausgewählte Scheine von Georg Schütz und Egon Tschirch.

Verteilungsplan für die Gestaltung von Seriennotgeldscheinen von 70 Gemeinden durch fünf beteiligte mecklenburgische Grafiker (nach Ingrid Moeller: Das mecklenburgische Reutergeld, S. 10).

Einige deutschlandweit bekannte Grafiker gestalteten ebenfalls Notgeld, wenn auch meist für nur eine einzige Gemeinde. Dazu gehören Emil Preetorius (1883–1973; Köstritz), A. Paul Weber (1883–1980; Arnstadt), Olaf Gulbransson (1873–1958; Kahla), Fritz Koch-Gotha (1877–1956; Gotha) oder Wilhelm Schnarrenberger (1892–1966; Ettlingen). Einige kaum weniger renommierte Kollegen kamen gleich mit mehreren Gemeinden ins Geschäft wie etwa Günther Clausen (1885–1954; Braunschweig, Kneitlingen, Schöppenstedt), Walter Hege (1893–1955; Detmold, Frankenhausen, Freyburg (Unstrut), Naumburg, Quedlinburg) oder Willy Horst Lippert (1898–1981; Bad Doberan, Belgard, Gleiwitz, Gurau, Kreuzburg, Naugard, Rathenow, Schmiedeberg, Stolp).

Vier von Georg Schütz (1875–1945) gestaltete Serienscheine (A- und B-Seiten) für die Gemeinden Boltenhagen und Neuhaus.

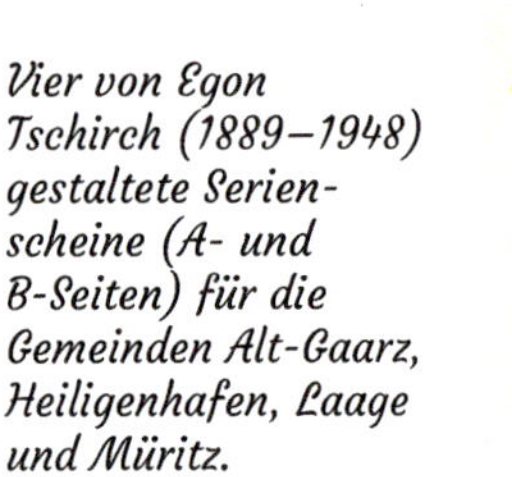

Vier von Egon Tschirch (1889–1948) gestaltete Serienscheine (A- und B-Seiten) für die Gemeinden Alt-Gaarz, Heiligenhafen, Laage und Müritz.

Drei Motive (B-Seiten) einer von Günter Clausen (1884–1954) für die Stadt Kneitlingen gestalteten 12er-Serie nach Motiven des Volksbuchs von „Till Eulenspiegel“.

Heinz Schiestl (1867–1940) aus Würzburg war der mit der Gestaltung von Notgeldscheinen am häufigsten betraute Grafiker überhaupt.

Der mit Abstand meistbeschäftigte Notgeldschein-Gestalter war jedoch Heinz Schiestl aus Würzburg (1867–1940). Er entwarf den Bildschmuck für das Geld von gleich 57 Städten in ganz Deutschland von Aschaffenburg bis Würzburg. Schiestl, Sohn des ursprünglich im Zillertal ansässigen Bildschnitzers Matthäus Schiestl dem Älteren (1834–1915), war der älteste von drei Brüdern. Die Familie war 1873 nach Würzburg gezogen, wo Heinz die Petererschule besuchte und bei seinem Vater, Matthäus dem Älteren, in die Lehre ging. Zeichen- und Modellierunterricht erhielt er beim Polytechnischen Zentralverein in Würzburg und an der Schmidschen Privatschule in München. Ab 1892 studierte Schiestl zwei Semester bei Syrius Eberle in München. Die väterliche Werkstatt in Würzburg übernahm er 1896. 1937 verlieh ihm die Stadt Würzburg anlässlich seines 70. Geburtstages die Silberne Stadtplakette sowie den Riemenschneiderpreis für Bildende Kunst. Schiestl stattete zahlreiche fränkische Kirchen mit seinen Altären, Kreuzwegstationen, Statuen und weiteren Werken aus. Der Hochaltar von St. Burkard (Würzburg) ist ein Gemeinschaftswerk von ihm und seinem Bruder Matthäus.

Seine martialisch daherkommenden Kriegsgeldscheine (s. auch S. 28) für die Stadt Lindenberg im Allgäu brachten Schiestl schon 1917 – früher als alle anderen Grafiker – ins Notgeld-Geschäft und bescherten ihm schnell einen hohen Bekanntheitsgrad. Viele Städte und Gemeinden wollten in der Folgezeit ebenfalls Schiestl-Grafiken auf ihren Scheinen sehen. Sein altdeutsch-verschnörkelter Stil und sein Sinn für heraldische Opulenz kamen gut an und entsprachen dem Zeitgeschmack.

A- und B-Seite eines 50-Pf.-Kriegsnotgeldscheins der Stadt Aschaffenburg im typischen Schiestl-Design.

NOTGELD-GRAFIK UND -DESIGN

B-Seite des 50-Pf.-Werts einer 5er-Serie mit Ortsansichten aus Erfurt im typischen Hanf-Stil.

B-Seite eines 50-Pf.-Werts einer 5er-Serie mit Luther-Motiven aus Anlass der Reise des Reformators am 27. April 1521 über Erfurt nach Worms.

Einen ganz anderen Stil bei der Gestaltung seiner Notgeldentwürfe legte Alfred Hanf (1890–1974), Grafiker, Maler, Buchillustrator und Bildchronist seiner Heimatstadt Erfurt, an den Tag. Wie die altdeutsch-verschnörkelten, vom mainfränkischen Barock inspirierten Scheine Schiestls ragen auch die Hanf'schen Scheine aus der Masse des Seriennotgelds schon deshalb heraus, weil sie als Miniatur-Holzschnitte ausgeführt sind.

In dieser Technik schuf Hanf Notgeld für die Gemeinden Gebesee, Genthin oder Sömmerda. Besonders eindrucksvoll wirken bis heute seine beiden Serien im Auftrag der Stadt Erfurt. Die eine hat die Lebensgeschichte Martins Luthers zum Thema, die andere präsentiert, überaus farbenfroh, Ansichten der Stadt.

Seine künstlerische Ausbildung hatte Hanf an Kunstgewerbeschulen in Erfurt, Berlin und an der Dresdener Kunstakademie erfahren. Er schuf Radierungen und Kupferstiche, Holz -und Linolschnitte,

Der Erfurter Grafiker Alfred Hanf (1890–1974) gestaltete – meist in Form von Miniatur-Holzschnitten – mehrere Notgeldserien für Städte und Gemeinden in Thüringen.

Georg Kötschau (1889–1976), Selbstbildnis.

Monotypien, Aquarelle und Ölgemälde. Ebenso vielfältig sind seine Themen: idyllische Stadt- und Dorfansichten, auch Porträts und Akte. Zu seinem Werk gehören zudem gesellschaftskritische Buchillustrationen, Werbegrafik, Schriftgestaltung, Bucheignerzeichen oder Bildpostkarten.

Georg Kötschau (1889–1976) stammte wohl von alten Freibauern in Hammerstedt und Kötschau ab, die im Mittelalter aus Franken eingewandert sein sollen. Nach dem Besuch der Volksschule lernte er von 1904 bis 1908 bei Adolf Giltsch, dem Freunde Ernst Haeckels, als Lithograf. Viele Wandtafeln von Haeckels Vorträgen sind von ihm gemalt. Später betätigte er sich als wissenschaftlicher Zeichner. Im Herbst 1912 ging er zu Henry van de Velde in die Ornament-Klasse nach Weimar. Im Sommer darauf erlernte er bei Albin Egger-Lienz das Akt-Zeichnen. Seinen Unterhalt verdiente er sich nebenbei in seinem alten Beruf.

Den Ersten Weltkrieg, den er aufgrund einer Kinderlähmung und mehrerer schwerer Unfälle nicht mitmachen konnte, verbrachte er größtenteils bei der Firma Zeiß im Konstruktionssaal. In dieser Zeit wandte er sich der Porträtmalerei zu und schuf Bildnisse von Carl Spitteler oder dem Verleger Eugen Diederich.

Kötschau war verheiratet und Vater dreier Kinder; seine Malerwerkstatt betrieb er am Burgauer Berg. Als Mitglied des „Wandervogel" gab er dessen Bundeszeitung heraus und war Gauleiter der Bewegung für den Bereich Thüringen. In einer Laienpredigt in der Lobedaer Kirche sprach er über das Thema „Ein Volk, eine Kirche". Kötschau organisierte während des Krieges Musik auf dem Dorfe. Als Mitbegründer der Jugendmusikbewegung gab er das 1. und 2. Jenaer Liederblatt heraus. Auch in der künstlerischen Arbeitsgemeinschaft Jena war Kötschau engagiert.

Georg Kötschau war ein gesuchter Illustrator von Notgeldscheinen, was sich in Aufträgen für gut ein Dutzend Gemeinden vorwiegend aus dem Thüringer Raum (Dornburg, Lobeda, Neustadt (Orla), Paulinzella, Pößneck, Rudelsburg, Saalfeld, Weida u. a.) niederschlug. Auch seine Scheine zeigen – wie die der oben Genannten – eine unverwechselbare Handschrift. Sie bestechen durch saubere Perspektiven und klare Linienführungen und lassen in jedem Detail das solide handwerkliche Können des Konstruktionszeichners erkennen. Schon Arnold Keller hat Kötschaus Leistungen als Notgeld-Grafiker lobend hervorgehoben.

Die österreichische Schriftstellerin und Illustratorin Käthe Olshausen-Schönberger (1881–1968) publizierte auch unter den Namen Käthe Schönberger, Katharina von Dombrowski, Käthe von Dombrowski, Baroness von Dombrowski und dem Kürzel K.O.S. Sie wuchs in Abbazia auf und kam mit 14 Jahren nach Berlin. Ohne eine Ausbildung absolviert zu haben, war sie im Alter von 20 Jahren bereits eine bekannte Illustratorin und Zeichnerin von Exlibris sowie von Tierkarikaturen. Zahlreiche ihrer

B-Seiten der von Georg Kötschau (1889–1976) gestalteten 4er-Serie für die Gemeinde Dornburg mit Lebensstationen Goethes.

Zeichnungen wurden zunächst in den Fliegenden Blättern und später in Buchform veröffentlicht. 1914 erhielt sie die Silbermedaille der Bugra (= Internationale Ausstellung für Buchgewerbe und Graphik) in Leipzig. Den Doppelnamen nahm sie nach ihrer Hochzeit mit dem deutschen Diplomaten Franz Olshausen an.

In zweiter Ehe mit dem Maler Carl Ritter von Dombrowski zu Papros und Kruswic verheiratet, verwendete sie nun den Namen Katharina von Dombrowski zur Kennzeichnung ihrer Werke. Ab 1930 veröffentlichte sie zahlreiche Romane, Novellen und Essays. Ferner arbeitete sie für Film und Hörfunk und als Übersetzerin aus dem Englischen, Französischen, Italienischen, Spanischen und Portugiesischen. Besonders sind in ihrem Werk die Teilnahme an Fridtjof Nansens Spendenappell für Russland und ihr antimilitaristischer Roman „Land der Frauen“ hervorzuheben.

Sie war um 1900 für den Kölner Schokoladenproduzenten Ludwig Stollwerck mit Entwürfen für Stollwerck-Sammelbilder tätig und entwarf Serien wie „Die Störche“ und „Aus der Vogelperspektive“. Die Serie „Reineke Fuchs“ schuf sie für den Margarinehersteller Palmin. Ihre Sammelbilder pflegte sie mit „KOS“ zu signieren. Sie veröffentlichte neben zahlreichen Tierbüchern hunderte von Illustrationen und Ka-

Käthe Ohlshausen-Schönberger (1881–1968).

rikaturen zu anderen Werken wie z. B. zu Gotthold Ephraim Lessings Fabeln. Als Produkt der Werbegrafik im engeren Sinne können auch ihre Beiträge zu „Das lustige Fön-Buch: Ein Bilderbuch für Jung und Alt“ der Berliner Sanitas-Gesellschaft von 1925 gelten. Käthe Ohlshausen-Schönbergers Notgeldscheine zeichnen sich durch feingliedrige Grafik und gekonnte Tierdarstellungen aus (s. auch S. 31).

B- und A-Seite eines von Käthe Ohlshausen-Schönberger gestalteten Scheins einer 2er-Serie der Stadt Eggenfelden mit den für sie so typischen Tierzeichnungen.

Exkurs 4

Rauchende Schlote oder: der Traum vom Wiederaufstieg

Ein häufig wiederkehrendes Motiv auf (Serien-)Notgeldscheinen ist das der rauchenden Schlote – Sinnbild und Beschwörung einer besseren Zukunft. Hier Beispiele aus Osterfeld (heute ein Stadtteil von Oberhausen), Neheim (heute Neheim-Hüsten, Westfalen), Hohndorf (Sachsen), Neurode (Oberschlesien), Pößneck, Oldenburg, Königshütte (Oberschlesien), Harburg (heute ein Stadtteil von Hamburg), Jessnitz, Nachterstedt (Altmark), Münchenbernsdorf (halb verdeckt) oder Mallmitz (Oberschlesien).

Collage aus Scheinen von Osterfeld, Pößneck, Hohndorf, Mallmitz, Nachterstedt, Neiheim, Mallmitz, Münchenbernsdorf, Oldenburg, Harburg, Jeßnitz und Königshütte.

KAPITEL 10
Druckereien im (Serien-)Notgeldfieber

Mit der Herstellung (und gern auch dem Vertrieb!) von Notgeld befasst waren mindestens 150 Druckereien in ganz Deutschland. Die Konkurrenz unter ihnen war extrem groß, sodass es bei den kleineren – oft aufgrund persönlicher Beziehungen zu Stadtverwaltungen, Grafikern etc. – meist nur zur Herstellung von ein paar einzelnen Scheinen oder einer Serie kam. Allein in Jena druckten mindestens vier Betriebe Notgeld: Johannes Arndt, Eduard Gitsch, Anton Kämpfe und die Thüringische Verlagsanstalt GmbH Jena. Größere Unternehmen weiteten ihr Geschäftsfeld bald auf angrenzende Gebiete aus. Zu ihnen gehörten das Braunschweiger Druckhaus Appelhans, das sich bis weit in den Harz vorarbeitete, oder die Bärensprungsche Hofdruckerei in Schwerin, die den gesamten Mecklenburger Raum abdeckte. Eine starke Stellung im norddeutschen Flachland hielten die Druckereien Gebrüder Jänecke und König & Ebhardt, beide in Hannover, sowie Louis Koch in Halberstadt. In Oberschle-

Nur einseitig auf Brotpapier gedruckter Großnotgeldschein aus Hamm (A-Seite), Oktober 1918.

sien dominierte die Flemming & Wiskott AG aus Glogau das Notgeldgeschäft. In Süddeutschland zählten J. P. Himmer in Augsburg, die Gebrüder Parcus in München und J. A. Schwarz in Lindenberg im Allgäu zu den führenden Betrieben – wobei letztere sich schon aufgrund des dort während des Krieges produzierten und begeistert aufgenommenen Kriegsnotgelds eine gute Startposition im beginnenden Seriennotgeldfieber ab 1920 verschaffen konnte. Zudem waren ihre Produkte am außergewöhnlich festen, „gehämmerten“ Papier zu erkennen. Besonders aggressive Werbung betrieb die Ratsdruckerei Dulce in Glauchau mit ihren an viele Stadtverwaltungen im Lande verschickten „Künstlerdruck-Angeboten“.

Nicht zuletzt die heftige Konkurrenz sorgte dafür, dass die Druckereien bestrebt waren, ihren Kunden wo immer möglich Produkte auf dem technisch neuesten Stand zu liefern, sodass selbst aus dem Abstand von hundert Jahren die Wiedergabeschärfe und Farbfrische so manchen Scheines noch immer Respekt abnötigen. Auf der anderen Seite gab es selbstverständlich auch eine ganze Reihe sehr liederlich gemachter Scheine. Das galt nicht nur für den Druck selbst, sondern ebenso für die Botschaften – wenn in der Eile etwa aus „Stadtverwaltung“ „Stadtverwaldung“ wurde. Die Scham darüber hielt sich aber meist in engen Grenzen, da solche „Fehler“ – vor allem wenn sie nur wenige Scheine betrafen – diese Produkte in den Augen vieler Sammlern eher noch begehrenswerter machten.

A- und B-Seite eines auf Leinen gedruckten 25-Mark-Scheins aus Bielefeld im für diese Stadt so typischen Stil, mit einer geradezu überbordenden Menge an historischen Fakten, lokalen Ereignissen, Zoten, Anekdoten und Anspielungen ihr Geld „interessant“ zu machen.

Alle damals verfügbaren Techniken, vom Buch- über den Steindruck, den noch relativ neuen Offsetdruck, Kupfertiefdruck und sogar Lichtdruck (wie in der 6er-Serie von Bürgel) kamen zur Anwendung. Stets wurde dabei nicht nur ein einzelner Schein gedruckt, sondern immer ein ganzer Bogen von wenigstens vier bis zu hundert und mehr Scheinen. Ähnlich weit gespannt war die Palette des verwendeten Papiers, die vom Büttenpapier über diverse Arten von Briefpapieren bis hin zu wasserliniertem Papier und sogenanntem Tauenglanzpapier reichte. Es kam aber auch vor, dass unter extremem Zeitdruck – bei gleichzeitigem Materialmangel – sogar aus Butterbrotpapier Notgeld hergestellt wurde.

Nicht immer musste das Trägermaterial Papier sein, wie das unter Sammlern so bewunderte – und teure – Bielefelder Leinen- und Seidengeld zeigt, mit welchem

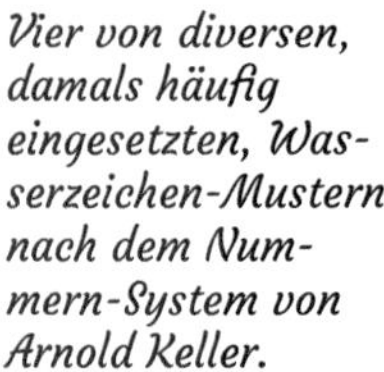

Vier von diversen, damals häufig eingesetzten, Wasserzeichen-Mustern nach dem Nummern-System von Arnold Keller.

Wz. 60 Mäander

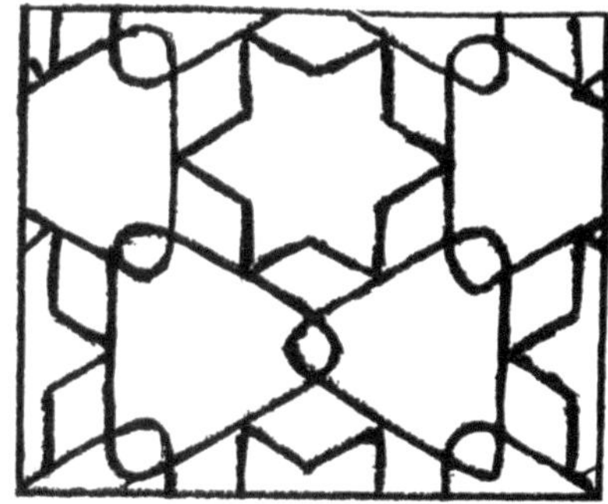

Wz. 63 Stern-Sechseck-Muster

diese Stadt es verstand, zugleich die örtliche Textilindustrie zu unterstützen. An anderen Orten kamen dementsprechend andere Trägermaterialien wie Leder oder Aluminiumfolie zum Einsatz.

Um wenigstens ein Minimum an Fälschungssicherheit zu gewährleisten, wurde beim überwiegenden Teil des (Serien-)Notgelds schon Papier mit Wasserzeichen verwendet – wobei die Wahl des jeweils eingesetzten Musters meist dem Geschmack der ausgebenden Stelle oder der Druckerei oblag.

Auch Kontrollziffern und Reihen- oder Serienangaben im – oft von Hand nachträglich angebrachten – Prägestempel sollten dafür sorgen, dass Fälscher den Aufwand zur Nachahmung der Gutscheine möglichst scheuten.

Selbstverständlich gab es so gut wie keinen Schein, auf dem sich die ausführende Druckerei nicht an exponierter Stelle nannte und damit auch immer ein Stück Eigenwerbung betrieb. Deutlich seltener wurden die Künstler genannt, die als Zuarbeiter der Druckereien ohnehin am „kürzeren Hebel“ saßen. Bei ihnen reichte es oft nur – gern aus Platzgründen – zu einem Miniatursignet.

Groß war stets die Versuchung, über Notgelddrucke „Zusatzgeschäfte“ zu machen, indem man heimlich davon mehr herstellte als mit dem Auftraggeber vereinbart, um den Rest dann über dubiose Kanäle an Sammler zu verkaufen. Oder es wurden – oft am Auftraggeber vorbei – von der Serie abweichende, in Sammlerkreisen schnell als „besonders wertvoll“ gehandelte Einzelscheine vorsätzlich mit Druckfehlern produziert. Umgekehrt gab es auch städtische Auftraggeber, die solche „Spezialanfertigungen“ gleich beim Druckbetrieb orderten – womit diesem die Verantwortung für das kriminelle Handeln in den Schoß gelegt wurde und er vor der Gewissensentscheidung stand, den Auftrag auszuführen oder abzulehnen. De facto sind auf diese Weise Dutzende von Schein-Varianten auf den Markt gelangt, besonders viele aus dem kleinen Ort Thale im Harz, der bei den Sammlern dadurch ebenso berühmt wie berüchtigt wurde.

Als ab dem Herbst 1921 die Praktiken selbst vieler städtischer Notgeld-Ausgabestellen immer fragwürdiger wurden, dachte so manche Druckerei vorauseilend darüber nach, wie sich mit solchen „Ersatzwertzeichen“ trotzdem weiterhin gute und sichere Geschäfte machen ließen. Um mögliche Strafverfolgungsverfahren von vornherein geschickt zu umgehen, kam die Flemming & Wiskott AG in Glogau auf die Idee, beim Deutschen Patentamt in München Gebrauchsmusterschutz für ihre sogenannten „Kleinschecks“ (die nichts anderes waren als Seriennotgeldscheine unter anderem Namen) anzumelden – D.R.G.M. (= **D**eutsches **R**eichs-**G**ebrauchs-**M**uster) Nr. 795 679: „Diese mussten wie ein Scheck unterschrieben werden, wobei der Gegenwert vorab in bar bei den Sparkassen und genossenschaftlichen Banken zur Verfügung gestellt werden musste.“ Diese Scheine trugen weder Ausgabe- noch Einlösedatum. Damit suggerierten sie, ein unbegrenzt gültiges und somit jederzeit alltagstaugliches Zahlungsmittel zu sein – was der Druckerei ab Oktober 1921 eine Reihe zusätzlicher Druckaufträge außerhalb ihres angestammten Einzugsgebietes in Oberschlesien, Ostpreußen und Pommern einbrachte.

B-Seiten von zwei sogenannten Kleinscheck-Serienscheinen aus Schneidemühl (Warthegau, heute Piła, Polen) und Bütow (Hinterpommern, heute Bytow, Polen) mit der D.G.R.M. Nr. 795 679 der Druckerei Flemming & Wiskott Glogau.

Eine andere Strategie, sich im Sammlermarkt zu profilieren, verfolgte die Braunschweiger Druckerei Appelhans. Sie gab im Sommer 1921 ein Nachschlagewerk unter dem Titel „Notgeld-Poesie“ heraus, das sich bei näherer Betrachtung als eine geschickt inszenierte Eigenwerbung herausstellt. Darin heißt es: „Im Freistaat Braunschweig kommen im Laufe des Sommers 1921 einige neue Sätze künstlerischer Notgeldscheine zu 10, 25, 50 und 75 Pf. zur Ausgabe, darunter ein Satz originelle, derb komische Scheine ‚Eulenspiegel‘ von Günther Clausen (s. S. 129), ein Satz Alt-Braunschweig von der Malerin Anna Löhr, Bad Harzburg von H. Ernst und Blankenburg von Professor Thulesius.“ Zu guter Letzt werden auch alle bis dahin vorliegenden Varianten der berüchtigten Thale-Scheine vorgestellt und weitere Restposten angeboten: „Alles andere Notgeld von 1921 besorgt die Firma Appelhans & Comp. in Braunschweig gegen Erstattung der Unkosten.“

Exkurs 5

„Auch wir sollten Notgeld ausgeben …" – Geldemissionen in der Provinz

„Es gibt wohl wenige deutsche Städte, die kein Notgeld ausgegeben haben, und diese Städte sind heute nicht gerade glücklich darüber, die Zeichen der Zeit nicht verstanden zu haben und um eine verpasste Gelegenheit ‚reicher' geworden zu sein", schreibt Hermann Lütkens in seinem Buch „Notgeld-Poesie. Deutsche Dichtung im Notgeld in Wort und Bild" schon im Mai 1921, als der Hype um das Seriennotgeld gerade erst begann.

Aus heutiger Sicht mutet die Entstehung so manches Notgeldscheins (oder einer Serie mit vier oder mehr Motiven) oft abenteuerlich an – umso mehr je kleiner der ausgebende Ort damals war. Über die gesamte Zeitspanne von der Frühphase, die von den ersten Kriegstagen bis ins Frühjahr 1922 reichte, war der „kurze Dienstweg" die Regel. Schließlich wollte man im ästhetischen Wettlauf um die Sammlergunst mögliche Konkurrenz aus Nachbargemeinden schnell und sicher aus dem Feld schlagen. Dass das auszugebende Notgeld dabei mit möglichst beeindruckenden – gern heraldisch daherkommenden – Motiven geschmückt und mit „wie in Stein gemeißelten" Versen ausgestattet sein sollte, stand dabei außer Frage. Wie jedoch diese Forderung im Einzelfall eingelöst wurde, führte von Ort zu Ort zu sehr unterschiedlichen Ergebnissen – mit entsprechend schwankender Qualität der Endprodukte. Es ist sehr aufschlussreich, wer sich z. B. dabei als Notgeld-Spruchdichter betätigte: Vom Reichsbankdirektor Merker höchstselbst, der die Verse für den 50-Pf.-Schein von Darmstadt verfasste („Geboren in schwerer Stunde / kehr' zurück mit froher Kunde"), über den Bürgermeister des ausgebenden Orts (z. B. Nördlingen mit Hexametern Dr. Mainers), den Direktor des Stadtmuseums (Hamm), die „üblichen Verdächtigen" wie die vor Ort arbeitenden Lehrer oder die Redakteure der Lokalzeitung bis zu bislang unentdeckten Dichter-Talenten wie dem Lagerhalter Wilhelm Liebchen in Schwarza („Freund, sollte dir nicht gefallen / dies Geld – weil es nicht klingt. Dann frage Du nach bei Allen / ob in Not wohl einer auch singt."), dem „Gegenbuchführer der örtlichen Sparkasse Kilp" oder der „Postsekretärin Frau Uppenthal" aus Dahlenburg reichte die Spanne der Autorinnen und Autoren.

Nicht selten wurde der lyrische Lobpreis der Stadt zu einem Dokument unfreiwilliger Komik wie etwa in Volkslehrer Krauses Versen auf den deutschlandweiten Schnupfen (bzw. die Laubaner Leinen-Industrie): „Auf Laubans Wiesen liegt im heißen Sommer Schnee; / Hier bleicht das Leinentuch gebreitet wie ein See. / Sein

Das „poetische Werk" der Postsekretärin Frau Uppendahl aus Dahlenburg auf drei Notgeldscheinen der Stadt (jeweils B-Seiten einer 3er-Serie) …

B-Seite eines Scheins einer 3er-Serie der Stadt Lauban mit dem versifizierten Lobpreis Volkslehrer Krauses auf die örtliche Taschentuchindustrie.

5-Mark-Großnotgeldschein aus Hagen-Haspe von November 1918 (B-Seite) mit Versen des Haspener Sensenschmieds und Hammerwerksbesitzers Albert Kottenhoff im westfälischen Platt – nicht zuletzt unter starker Berücksichtigung des eigenen Gewerbes („solange vie noch Seißen schmiett…").

Taschentüchlein winkt zum Abschied fern und nah, / und nur zu Laubans Wohl ist jeder Schnupfen da."

In der Regel war das Projekt eines Notgeldscheins ein arbeitsteiliger Prozess mit verteilten Rollen. Da stammte z. B. die tragende Idee vom Mitglied des Stadtrats oder einem Lehrer. Ein in der örtlichen Mundart Bewanderter führte sie aus; so geschehen im Fall Hagen-Haspes, wo der Sensenschmied und Hammerwerksbesitzer Albert Kottenhoff schon 1918 die Verse für das Großnotgeld der Stadt verfasste.

Was für die Ausschmückung von Notgeld mit wohlgeformtem Wortwerk galt, traf natürlich auch für die Erarbeitung des Bildschmucks zu. Um Honorare für teure Grafiker einzusparen, griff man gern auf berufene Kräfte vor Ort zurück. So kam es, dass z. B. ein Malermeister wie Julius Nielsen (Itzehoe) oder der „talentierte Primaner Giesler" (Eutin, 25 Pf, 1920) mit der Anfertigung der Grafiken für die Scheine betraut wurden.

Eine lebensnahe Vorstellung vom Entstehungsprozess eines Notgeldscheins gibt der Bericht aus dem Ort Kirn an der Nahe: „Gelegentlich eines Besuchs, den die Herren Regierungspräsident v. Gröning aus Koblenz, Landrat v. Nasse aus Kreuznach sowie Bürgermeister Dr. Trehmählen und Stadtverordnete von Kirn am 25. Juni 1918 der Kyrburg abstatteten, wurde einem Vorschlag des auf der Kyrburg ansässigen Lehrers Franz Offermann zufolge die Ausgabe von künstlerisch schönen 50 Pf.-Scheinen beschlossen. Die Ausführung besagten Scheines, dessen Entwurfsidee vom Lehrer Offermanns herrührt, wurde dem bekannten Berliner Wappenmaler übertragen, der dann auch die Entwürfe der nachfolgenden Kirner Scheine in so glänzender Ausführung lieferte." Wichtig war den Beteiligten „die Abbildung des Wahrzeichens der Stadt um die Kyrburg, dem alten Sitz der Nahegaugrafen" sowie „der letztern alter Wahlspruch ‚Numquam retrorum' (niemals feige zurück). Zu beiden Seiten des Burgbildes befinden sich die Symbole der Haupterwerbszweige der Stadt, Lederindustrie, Steinbruchbetrieb, Brauerei, Handel und Gewerbe. Die Rückseite des fein durchdachten Scheins bringt das Kirner Stadtwappen mit der dreitürmigen Mauerkrone in streng heraldischer Ausführung." Was nun der Lehrer Offermanns zu diesem Projekt des 50-Pf.-Scheines (20. Mai 1920) beizutragen hatte, waren die Verse: „Wie einst deine Burgen ein adlig Geschlecht / Entstanden zum Kampfe für Freiheit und Recht, / so sind deine Söhne noch heut sich bewusst / dass Liebe zur Freiheit durchglüht ihre Brust."

Die grafische Gestaltung des Notgeldscheins der Stadt Kirn besorgte Oskar Julius Roick (1870–1926).

Lehrer Offermanns Freiheitsgesang auf der B-Seite des 50-Pf.-Scheins der Stadt Kirn (Nahe) …

Vom Über-Angebot 1914 zur Knappheit bei Lebensmitteln 1920 und zu den Folgen für den Markt ... Versifizierte Alltagserfahrungen auf der B-Seite eines Einzelscheins aus Kitzingen vom Juni 1920.

In Kitzingen am Main wiederum tat sich der Fabrikbesitzer und Heimatdichter Alfred Buchner (1868–1942) als Notgeldschein-Dichter besonders hervor. Er verfasste gleich ein ganzes Bündel druckfertiger Sinnsprüche wie: „Alles nur Schein, das Geld und das Sein" / „Weil das Hartgeld im Kasten drin, ich von Papier nur bin" / „Es ist toll auf der Welt, wir haben die Not, und die andern das Geld" / „Verkehrt ist heut die Welt, hart das Brot, weich das Geld" / „Die gute alte Zeit, wo ist sie geblieben, Losung ist weit und breit: Wuchern, Hamstern, Schieben" / „Papiergeld wird nit druckt, das hat der Teufel in die Welt gespuckt" / „Das Hartgeld hat der Schieber gestohln, soll ihn dafür der Teufel holn" / „Papiernotgeld, ja so sind wir gestellt."

Zur Hochform lief er dann angesichts des Themas Hamstern (50-Pf.-Schein, Juni 1920) auf: „Einst verkauft mit vieler Müh / Ich Butter, Eier, Federvieh. / Jetzt kommt der Hamsterer raus aufs Land, / reißt mir die Ware aus der Hand."

... und lieferte zu den satirischen Zeichnungen des Kitzinger Falterturms von Michael Helm auf dem 50-Pf.-Schein vom Februar 1921 gleich eine ganze Humoreske in Knittelversen: „Als man den Turm erbauen wöllt / Da hat an Wasser es gefehlt, / um Kalk und Mörtel anzurühren, / doch tät man nie den Mut verlieren. / Hört nur, was da die Bürger taten, / gar reichlich war der Wein geraten, / man schafft ihn buttenweis herbei / und rührt damit den Mörtelbrei. / Weinseelig schief steht drum der Turm / Doch trotzt er trefflich jedem Sturm. / Noch heut spürt er im Mauerwerke / von einst des edeln Weines Stärke."

Ganz offensichtlich war eine der Haupttriebfedern der Autoren für ihren fast schon unbedingt zu nennenden „Willen zum Vers", sich mit ihren Beiträgen der deutschen Hochkultur möglichst nahtlos anzuschließen.

Der wohl treffendste Zweizeiler stammte jedoch von einem Dichtertalent aus Wittlich am Rhein, das gar nicht genannt sein wollte: „Es blicken gar stolz in die geldarme Zeit / die steinreichen Burgen von Manderscheid".

A- und B-Seite eines Einzelscheins aus Kitzingen (Main) mit der Saga vom Kitzinger Falterturm in Knittelversen des Fabrikbesitzers und Heimatdichters Alfred Buchner.

KAPITEL 11
Tricks bis zum Verbot: das Ende des Seriennotgelds im Juli 1922

Schon die Erfindung des Seriennotgelds in Freiburg im März 1920 war ja, bei Licht besehen, ein hübscher Trick gewesen, aus einem Mini-Gutschein einen maximalen Gewinn für die Stadtkasse zu ziehen, indem man ihn mit so viel „Erinnerungswert" ausstattete, dass sich ihm zwanglos ein zweites und ein drittes Scheinchen an die Seite stellen ließen. Wo solche Praktiken zur Grundlage eines Geschäftsmodells wurden, verwundert es kaum, wenn sehr bald noch raffinierte Tricks aufkamen und die Grenze des Hinnehmbaren immer weiter hinausschoben. Von der Aussicht auf schnellen Gewinn geleitet, stürzten sich bald auch immer mehr Spekulanten und Kriminelle auf dieses Feld. Ihre Machenschaften sollten das Geschäftsmodell selbst am Ende völlig in Verruf bringen.

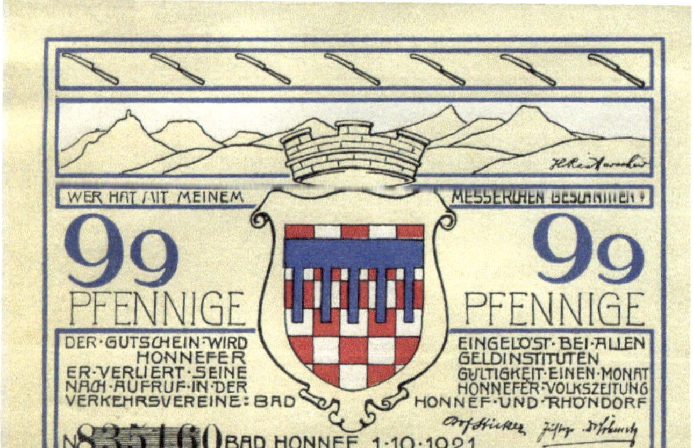

B-Seite eines 99-Pf.-Scheins einer 8er-Serie aus Bad Honnef. Über alle Scheine hinweg ziehen sich Sätze aus dem Märchen von „Schneewittchen", hier: „Wer hat mit meinem Messerchen geschnitten?"

Die an Ausdehnung ihrer Serien interessierten Städte waren an dieser Entwicklung – und zwar schon im Frühstadium! – keineswegs unschuldig, wie Gustav Prange am Beispiel Wittenbergs eindrucksvoll dargelegt hat. Die Stadt hatte anlässlich der 400. Wiederkehr der päpstlichen Bannbulle gegen Martin Luther am 10. Dezember 1920 eine aus zehn Scheinen bestehende Serie ausgegeben, deren Einlösungsfrist schon drei Wochen später, am 31. Dezember 1920, verstrich. Die einzelnen Scheine unterschieden sich in ihrem Bildschmuck nicht im Geringsten (man kam also mit nur einem einzigen preiswerten grafischen Entwurf aus!), außer dass sie in den aufgedruckten Kontrollnummern

B-Seite eines 1-Mark-Einzelscheins aus Freiberg in Sachsen mit abtrennbaren Teilwerten (97 + 2 + 1 Pf.).

mit der Buchstabenfolge des Stadtnamens spielten (W, I, T 1, T 2, E1, N, B, E2, R und G), die, zusammen gelesen, ihren vollen Namen ergaben. Dieses Notgeld sei die Stadt, trotz der großen Auflage von 300.000 Stück, „rasend schnell losgeworden", sodass viele Nachzügler hätten abschlägig beschieden werden müssen. Daraus dürfe aber nicht gefolgert werden, „dass die Wittenberger Scheine restlos von Sammlern absorbiert worden wären. Sie sind noch heute in Wittenberg von Privatleuten unschwer zu erhalten, die in spekulativer Voraussicht, ohne selbst Sammler zu sein, 10 bis 50 Serien davon gehamstert haben und nun Preise von 80 Mark und mehr fordern", wobei ein Preis von 50 Mark noch als Freundschaftspreis gelte.

Unter den deutschen Städten war spätestens Anfang 1921 ein Wettrennen um den maximalen Verkaufserlös ihres Notgelds im Gange – mitsamt der Suche nach entsprechenden Tricks, dieses Ziel zu erreichen. Manche dehnten ihre Serie auf bis zu 40 verschiedene Motive (Bitterfeld) aus, andere brachten für den Zahlungsverkehr völlig unpraktische Werte heraus wie 30-, 40-, 60- und 70-Pf.- (Altona) oder 99-Pf.-Werte (Bad Honnef) – oder gar teilbare 1-Mark-Scheine, die in 97 Pf. + 2 Pf. + 1 Pf. zerfielen (Freiberg).

Viele Gemeinden scheuten auch nicht vor happigen Zuschlägen aufgrund angeblich entstandener „Verwaltungsgebühren" weit über den Nennwert hinaus (Dessau) zurück. Den Tatbestand des Betrugs erfüllten schließlich Scheine, die in Wahrheit heimliche Nachdrucke von nicht mehr erhältlichen oder bereits aus dem Verkehr gezogenen, von Sammlern aber weiterhin stark nachgefragten Scheinen (Würzburg) waren oder die, frisch gedruckt, einfach künstlich zurückdatiert wurden, um eine mögliche Einlösung von vornherein auszuschließen, wie etwa die Schwindelausgabe mit der Geschichte von der missratenen Roland-Statue der Gemeinde Calbe an der Saale (vgl. S. 149).

Die Initiative zur Profitmaximierung ging dabei keineswegs nur von den „berufenen“ Akteuren wie den Städten und Gemeinden selbst aus, sondern zunehmend von außenstehenden Händlern und Spekulanten wie dem schon erwähnten Heinrich Appel aus Süderbrarup. So mancher von ihnen klapperte die Dörfer seiner Umgegend ab und erkaufte sich – mit dem Versprechen außerordentlicher Einnahmen für die Gemeinde – von so manchem Bürgermeister die Berechtigung, eine Ausgabe zu veranstalten, und vertrieb dann diese Scheine selbst mit gutem Gewinn. In Hamburg sei, so der Notgeld-Papst Arnold Keller, deswegen einmal sogar „die ‚Notgeldbörse‘ polizeilich ausgehoben worden: „Mit einzelnen Ausgaben begnügten sich solche Spekulanten bald nicht mehr. Da wurden ganze Gebiete abgegrast und zur Ausgabe von Notgeld veranlasst; so haben einige 40 Gemeinden im Kreis Pinneberg Notgeld ausgegeben, sämtlich Sätze von 6 Scheinen, die alle gemeinsam vom Vertreiber L. Brieger in Hamburg zu beziehen waren. Motive bot natürlich jene ziemlich reizlose Gegend im Flachland nicht für so viele verschiedene Scheine; da mussten sie denn von weither zusammengeholt werden, der ganze Himmel mit Sonne, Mond, Sternen und Engeln, Feld und Wald, Bauernleben und Theater und was den Herstellern noch einfiel.“

Noch skrupelloser verfuhren Geschäftemacher, die gar nicht erst bei Gemeinden nachfragten, sondern sich irgendeinen unbekannten Ort ausguckten und unter dessen Namen eine Notgeldserie in den Verkehr brachten – so geschehen im Fall der 4er-Serie (25, 50, 75 Pf. + 1 Mk. = 2,50 Mk.) aus dem Dorf Herzlake im Emsland (angeblich vom Katholischen Kaufmännischen Verband KKV).

Den Gipfelpunkt dieser Entwicklung markiert ein reiner Fantasieschein für immerhin 3 Mark aus einer fiktiven Stadt Neukirch mit Fantasie-Marktplatz, Fantasie-Brunnen und Fantasie-Bürgermeisterunterschrift. Hätte damals nicht schon der „Notgeldsammlerbund“ eine ganze Reihe solch dubioser Praktiken öffentlich gemacht, es hätte noch viel mehr davon gegeben.

Auf den Geschmack, Notgeldscheine auszugeben, waren inzwischen nicht nur ganz kleine Flecken oder Kirchspiele gekommen, sondern auch eine ganze Reihe von Zeitungen, Verlagen, Zoos, Cafés, Weinstuben, Turn- und Karnevalsvereinen, Krieger- und Versehrtenverbänden bis hin zu den „vereinigten Klosettpapierfabriken Heroldsberg bei Nürnberg“ oder dem „Deutschen Verein für Sanitätshunde“. Für Staat und Reichsbank wurde das Seriennotgeld immer mehr zum Problem. Gleichwohl: Im Endeffekt lag Deutschland Anfang 1922 unter einer Decke von etwa 12.000 verschiedenen Seriennotgeldscheinen.

Wie sich andererseits aber auch ein Glücksritter am Projekt einer Notgeldserie verheben, ja verspekulieren konnte, zeigt ein Fallbeispiel, als der Seriennotgeldboom gerade auf seinen Höhepunkt zuzusteuern schien, bei Licht besehen aber schon deutlich im Sinkflug begriffen war. Anfang September 1921 trat Alexander Schnell, Inhaber der in Freiburg ansässigen Firma „Trans-Oceanic“, die sich mit Versicherungspolicen und Schiffspassagen befasste, aus eigenen Stücken an die Stadt heran und unterbreitete ihr ein sagenhaft tolles Angebot: „Gedacht sind 6 verschiedene

B- und wiederkehrende A-Seite von Schein 3 der berüchtigten 6er-Schwindel-Serie aus Calbe an der Saale, von der Ratsdruckerei Dulce in Glauchau gedruckt. Sie erzählt die Geschichte der missratenen, da armlosen Roland-Statue. Die Serie sei, laut den Angaben der A-Seite, schon am 23. April 1917 ausgegeben worden – zu einer Zeit also, als es noch gar kein Seriennotgeld gab! Zur Ehrenrettung muss allerdings angemerkt werden, dass es ebenso heißt: „Nur gültig am Tag der Ausgabe …"

B- und A-Seite des 50-Pf.-Werts einer 4er-Serie aus Herzlake im Emsland, ohne Kontrollnummer, Signatur etc., und folglich ohne jegliche Autorisierung …

A- und B-Seite eines dilettantisch gemachten 3-Mark-Schwindelscheins aus einem fiktiven Ort „Neukirch".

A- und B-Seite eines 50-Pf.-Wertgutscheins vom Hamburger Zoo mit launigen Versen auf der Rückseite.

A-Seite eines 1-Mark-Spendenscheins, ausgegeben vom Keglerverband Wismar anlässlich des 1. Norddeutschen Städtewettkegelns dortselbst vom 9. bis 17. 10. 1921.

Wiederkehrende A- sowie B-Seite von Schein 1 einer 6er-Serie des „Deutschen Vereins für Sanitätshunde".

TRICKS BIS ZUM VERBOT: DAS ENDE DES SERIENNOTGELDS IM JULI 1922

Scheine à 50 Pf. auf Bütten mit Ansichten der Stadt, von besten hiesigen Künstlern entworfen. Trans-Oceanic übernimmt sämtliche Kosten, Druck, Reklame etc. und ist bereit, von jeder Serie 2 Mark an die Stadt abzuführen." Ende September 1921 wurde zwischen der Stadt und der Firma Trans-Oceanic ein Vertrag über Herstellung und Vertrieb einer neuen Notgeld-Serie in einer Auflage von einer Million Sätzen in sechs Serien geschlossen: „Von den Scheinen gibt die Stadtverwaltung zunächst 1000 Sätze in öffentlichen Verkehr. Bezüglich aller anderen Scheine erhält die Firma Trans-Oceanic das Alleinvertriebsrecht, wofür die Firma neben dem Nennwert einer der Stadtkasse verbleibende Entschädigung von 2 Mark pro Satz à 6 Scheine zum Voraus an die Stadtkasse zu zahlen hat." Und: „Die Stadt ist verpflichtet, die ausgegebenen Scheine bis 1 Monat nach erfolgtem Aufruf zum Nennwert einzulösen ... Sollten nach erlassenem Aufruf ausgegebene Scheine nicht zur Einlösung gelangen, so gehört der sich hierdurch ergebende Gewinn voll und ganz der Stadtkasse."

Was mochte diesen Glücksritter bewogen haben, den für ihn selbst mit so vielen Risiken und Vorleistungen verbundenen, für die Stadt Freiburg hingegen sehr vorteilhaften Vertrag einzugehen? Es kann nichts anderes als das ihm eingeräumte Exklusivrecht zum Alleinvertrieb der Scheine gewesen sein. Dass es auf dem Höhepunkt der Sammelwut eine neue, auf feinstem Büttenpapier gedruckte Freiburg-Serie geben sollte, welche die Stadt in den schönsten Ansichten zeigte (Münsterturm, Bertoldstraße mit Münsterblick, Martins- und Schwabentor, Stadttheater, Aula der neuen Universität) – musste das nicht jeden Notgeldfreund reizen? Doch Schnells Spekulation auf das große Geschäft sollte gründlich danebengehen.

Bereits am 3. Januar 1922 wandte er sich ziemlich kleinlaut an die Stadtverwaltung und räumte ein, er sei zu der Überzeugung gekommen, „dass wir die Serie Freiburg momentan, da wir Mk. 5 an die Stadtkasse abzuführen haben, nicht unter Mk. 8 verkaufen können." Mit dem Verweis auf die zurzeit besonders hohen Portosätze bat er um „Ermäßigung auf 3 Mark, sodass man dann 6 Mk. verlangen könnte oder 5,75 Mk." Auf dieses Ersuchen entgegen den vertraglich festgeschriebenen Abmachungen wollte die Stadt zu diesem Zeitpunkt nicht eingehen.

In der Zwischenzeit war auch so mancher Sammler ob der Geschäftspraktiken der Firma Trans-Oceanic verärgert. Die Zeitung „Die Volkswacht" veröffentlichte am 12. Januar 1922 unter der Überschrift „Das neue Notgeld der Stadt Freiburg" den aufschlussreichen Erfahrungsbericht eines Betroffenen: „Auf dem Rathaus erhielt ich die Auskunft, dass der Stadtrat das ganze Notgeld einer Gesellschaft zum Weitervertrieb verkauft habe. Ich bemühte mich also dorthin, um sechs Notgeldscheine zu erstehen. Diese sechs Scheine kosteten allerdings nicht 3 Mk., sondern 8 Mk. Das verstehe wer will. Die Stadt lässt Notgeld herstellen, bezahlt den Drucker und den Entwurf, um die Kleingeldnot zu beheben, verkauft aber die gesamte Auflage wieder und jagt dadurch einem Unternehmer einen ungebührlichen Gewinn in die Tasche."

Für Schnell war die Lage inzwischen fast ausweglos geworden. Seine Freiburg-Serie ließ sich, bei deutlich nachlassender Sammelwut, nur noch schwer verkaufen. Die Zahlen, die das Stadtrentamt im März 1922 vorlegte, belegen dies: „Es sind im

B-Seiten der 6er-Serie „Freiburg", produziert und exklusiv vertrieben von der Freiburger Firma „Trans-Oceanic".

TRICKS BIS ZUM VERBOT: DAS ENDE DES SERIENNOTGELDS IM JULI 1922

ganzen 75.000 Sätze à 6 Scheinen hergestellt worden. Hiervon wurden von uns 1000 Sätze vertragsgemäß in Verkehr gebracht, weitere 13.000 Sätze hat die Firma zum Preise von 5 Mk. pro Satz abgenommen. In unserer Verwahrung bzw. im städtischen Tresor befinden sich somit noch 61.000 Sätze, welche laut Vertrag nunmehr zu vernichten sind. Die Firma bittet nun erneut darum, ihr von diesen noch vorhandenen Scheinen ½ Jahr lang bis zu 56.000 Sätze zu Nennwert bereit zu halten." Um das Beste aus der Situation zu machen, stimmte man zu und traf mit der Firma Trans-Oceanic eine neue Vereinbarung, um aus den nunmehr aus dem Verkehr gezogenen Scheinen doch noch einen Erlös zu ziehen, indem ihr bis auf Weiteres von den noch vorhandenen Scheinen solche zum Nennwert unter der Bedingung abgegeben werden, dass jeweils mindestens 1.000 Sätze abzunehmen sind, und: „Um die Scheine, welche bisher im öffentlichen Verkehr überhaupt nicht zu sehen sind, bekannter zu machen, sollen 5000 unvollständige Sätze (wir schlagen 4 Bilder vor) von unserer Stadtkasse sofort in Verkehr gebracht werden." Doch auch dieser letzte Versuch, die Sammelleidenschaft durch vorerst zurückgehaltene Motive – und herabgesetztem Höchstpreis auf 6,50 Mark – wiederzubeleben, fruchtete nicht. Aus der 6er-Serie war längst ein unverkäuflicher Ladenhüter, aus Alexander Schnell ein gescheiterter Glücksritter geworden.

Am 17. Juli 1922 zogen Staat und Reichsbank endgültig die Reißleine. Der Seriennotgeld-„Unfug" in Deutschland wurde per Gesetz verboten.

KAPITEL 12
Hoch- und Hyperinflation und Währungsschnitt: September 1922 bis November 1923

Am 17. Juli 1922 verbot der Staat per Reichsgesetz den Städten jede weitere Ausgabe von Seriennotgeld und zeigte den lokalen Akteuren ihre Grenzen und seine Macht. Damit gehörten die bunten Kleingeld-Scheine, an denen die Menschen noch ein wenig Freude inmitten des Währungsdesasters hatten empfinden können, endgültig der Vergangenheit an. Lachen über den satirisch abgearbeiteten Kaufkraftverfall, über Notgeldmichels Grimassen oder die Streiche so mancher Schildbürger im Lande, so wie es diese Scheine so gern vorgeführt hatten, sollte bald niemand mehr können. Im nun immer schneller werdenden Prozess des Währungsverfalls wären die viel zu kleinen Nennwerte der Serienscheine ohnehin nicht mehr brauchbar gewesen. Wie machtlos der Staat aber inzwischen selbst war, wurde wenige Wochen später offenbar: Allein auf die Drohrede des französischen Außenministers Poincaré, wegen ausstehender Reparationszahlungen das Ruhrgebiet militärisch zu besetzen, reagierte der Kurs der Mark, gemessen an seiner Dollar-Parität, mit einem rapiden Absturz (August 1922: 1 Dollar = 2000 Mk., Anfang November 1922: 1 Dollar = 6700 Mk.). Immer hilfloser muteten jetzt die Versuche der Reichsbank an, dem Mangel an Zahlungsmitteln mit stets höherem Geldausstoß zu begegnen: „Wie schon letztlich gemeldet, macht die Reichsbank die größten Anstrengungen, um täglich 2-3 Milliarden neue Noten an den Geldmarkt zu bringen (unter Hinzuziehung von Berliner, Leipziger und Kölner Privatdruckereien)“, schreibt Gustav Prange, und: „Man ist bestrebt den Druck von Banknoten soweit auszudehnen, dass bereits am 15.10. mit einer täglichen Emission von 6-7 Milliarden gerechnet werden kann.“ Längst wurden diesen Scheinen keine Pfennig-Beträge mehr aufgedruckt, sondern Nominalwerte im drei-, vier- und fünfstelligen Mark-Bereich – mit Pfennig-Kaufkraft.

Von ihrer Not getrieben wandte sich, wie schon im Herbst 1918, die Reichsbank erneut an die Städte, ihr bei Druck und Emission neuer Zahlungsmittel zu helfen. Wie man vor Ort mit den wachsenden Herausforderungen im Hinblick auf Produktion,

Emission, Einzug, Neudruck und Wieder-Emission solch gewaltiger Papiergeldmengen umging, soll noch einmal das Beispiel der Stadt Freiburg zeigen, das stellvertretend für diese letzte Phase der deutschen Inflation im ganzen Land stehen kann. Welch reiche Erfahrungen die Städte während der letzten Jahre ihrerseits beim Geld-Machen gesammelt hatten, offenbart dabei eine Vorab-Kalkulation des Städtischen Rechnungsamts. Für mögliche weitere Notgeld-Ausgaben verfüge man noch über einen Bestand von 14.000 Bogen zu 40/50 cm mit Wasserzeichen. Daraus könne man nach der derzeitigen Größe der Reichsbanknoten 50.000 Stück zu 1.000 Mark sowie 50.000 Stück zu 500 Mark und zudem 20.000 Stück zu 100 Mark im Gesamtnennwert von 77.000.000 Mark herstellen. Machte man die benötigten Scheine aber nur halb so groß (12,5 x 9,5 cm), sei mit der gleichen Menge Papier eine doppelt so hohe Ausgabesumme, nämlich 138.000.000 Mark, zu erreichen. Diesem Ertragsziel kamen die letztlich hergestellten Scheine im Format 15,7 x 8,8 cm ziemlich nah – gleichwohl war der neue 500-Mark-Schein immer noch dreimal so groß wie der 50-Pf.-Schein von 1917.

Zwei von einem guten Dutzend Rieß-Entwürfen zu Notgeldscheinen für Freiburg vom September 1922 (hier 1000-Mark-Noten).

Mit welchem Eifer man gleichwohl der Bitte der Reichsbank nachzukommen suchte, zeigt sich schon in der Sorgfalt, die der ästhetischen Gestaltung des neuen Geldscheins zuteilwurde. In seinem Auftritt versuchte er vor allem Seriosität zu vermitteln, um dem von der Reichsbank emittierten „richtigen" Geld möglichst nahe zu kommen. Um die dafür vorgelegten Motive zu begutachten, war eigens eine Kommission gebildet worden. Den Auftrag bekam schließlich der Freiburger Grafiker Ernst Rieß (1884–1962), der eine Reihe von Entwürfen für Scheine in Wertstufen von 500 bis 5.000 Mark erarbeitete.

Das Ergebnis, ein sauber und filigran ausgearbeiteter Schein, genügte mit Kontrollziffer und Wasserzeichen jetzt auch den damals üblichen Sicherheitsstandards. Als Motiv der B-Seite figurierte mit dem „Heiligen Georg im Panzerhemd" der Stadtpatron vor der historischen Stadtsilhouette. Erstmals stand auf einem Freiburger

A- und B-Seite des Freiburger 500-Mark-Scheins, ausgegeben ab 1. Oktober 1922.

Geldschein auch der Strafsatz zu lesen: „Wer Papiergeld nachmacht oder verfälscht oder verfälschtes sich verschafft und in Verkehr bringt, wird mit Zuchthaus nicht unter zwei Jahren bestraft.“ Eine Ablauffrist nannte der Schein nicht, sondern verwies auf „besondere Bekanntmachung“ in der örtlichen Presse.

Vonseiten der Reichsbank lag zunächst aber nur die Erlaubnis vor, Scheine im Gesamtnennwert von 50 Millionen Mark auszugeben – eine Summe, die schon zwei Tage nach der Ausgabe nicht mehr ausreichte und kurzerhand auf das Doppelte erhöht werden musste. Dass die vermeintlich hohe Wertstufe „500 Mark“ inzwischen nur noch Kleingeldkaufkraft besaß, offenbart ein Schreiben der Städtischen Sparkasse, in welchem über tägliche Abhebungen von 300–400.000 Mark Klage geführt wurde: „Wir erhalten seit einigen Tagen von der Reichsbank keine Scheine unter 10.000 M. Die kleineren Geldsorten zu 1000, 500 und 100 M. verschaffen wir uns durch Umwechseln in hiesigen Geschäften. Dadurch, dass wir jeden Tag 2-3 Beamte zum Geldwechsel unterwegs haben, geht uns viel Arbeitskraft verloren." Der täglich wachsenden Zahlungsmittelnot bei den größeren Betrieben konnte der neue 500-Mark-Schein nicht wirklich etwas entgegensetzen. Um ihre gut 500 Arbeitskräfte entlohnen zu können, beantragte allein die Freiburger Seidenzwirnerei Carl Mez im Oktober 1922 10.000.000 Mark.

Wie sich die rasant an Fahrt aufnehmende deutsche Inflation dagegen bei jenen anfühlte, die über „gutes" Geld, also Fremdwährung verfügten, vermittelt ein Text Ernest Hemingways vom 19. September 1922 im Toronto Daily Star: „Bei einem Aufenthalt in Straßburg machten meine Frau und ich einen Abstecher ins gegenüberliegende deutsche Kehl. Für zehn frz. Franken, das sind ungefähr 90 Cents in kanadischem Geld, bekam ich 670 Mark. Diese 90 Cents reichten uns einen ganzen Tag, an dem wir viel ausgaben und uns noch mehr als 100 Mark übrigblieben. In Kehls bestem Hotel servierte man uns ein Tagesmenü mit 5 Gängen für 120 Mark, das sind 15 Cents." Auch wenn dieser Reisebericht kaum Anspruch auf Allgemeingültigkeit erheben kann, so verdeutlicht er doch, dass die deutsche Wirtschaft im Herbst 1922 ins Stadium ihrer Zersetzung getreten war.

Schon gute vier Monate nach seiner Ausgabe sollte der hohe Aufwand, den sich die Freiburger mit der Gestaltung ihres 500-Mark-Scheins gegeben hatten, vergeblich gewesen sein. Inzwischen wurden mindestens zehnmal so hohe Nominalbeträge benötigt. Doch auch jetzt wollte die Stadtverwaltung bei der anstehenden Produktion neuer Notgeldscheine nicht auf eine Panoramaansicht als Bildschmuck verzichten: „In der heutigen Sitzung des gemischten beschließenden Ausschusses wurde angeregt, künftig bei der Anfertigung neuer Entwürfe von Notgeldscheinen mehr die landschaftliche Lage, insbesondere den großen Berghintergrund der Stadt zu berücksichtigen." Inzwischen stand schon das Projekt eines 5.000-Mark-Scheins „im Gesamtbetrage von 250.000.000 Mark" an: „Um dem Mangel an Zahlungsmitteln abzuhelfen, gibt die Stadt Freiburg mit Genehmigung des Reichsfinanzministeriums Notgeldscheine zu 5.000 Mark mit unbestimmter Lauffrist heraus. Die Aufrufung zur Einlösung wird in den hiesigen Tageszeitungen erfolgen." Ein Zeitungsbericht vom März 1923 erklärte das Motiv. Es zeige eine Ansicht des mittelalterlichen Freiburgs von Süden aus. Der Entwurf stammte in diesem Fall von der Hand des Oberbaurats Dr. Gruber.

Doch die inflationäre Entwicklung war noch längst nicht auf ihrem Höhepunkt angelangt. Dafür sorgte schon die als Strafaktion zur Eintreibung ausstehender Reparationszahlungen erfolgte Besetzung des Ruhrgebiets im Januar 1923 durch französische und belgische Truppen. Von der Reichsregierung zum passiven Widerstand aufgerufen, legten die Arbeiter und Angestellten spontan die Arbeit nieder – und erhielten trotzdem zwei Drittel ihres Lohns vom Staat. Doch was konnte dieses Geld – bei immer weniger echter Wertschöpfung – jetzt noch wert sein? Um den Alltag zu bewältigen, einen Li-

B-Seite des 5.000-Mark-Scheins der Stadt Freiburg vom Februar 1923, gestaltet vom Freiburger Oberbaurat Dr. Gruber.

ter Milch oder ein Brot zu kaufen, waren inzwischen schon Millionenwerte nötig. Und die Geldberge, die am Morgen ausgegeben worden waren, hatten bereits um die Mittagszeit die Hälfte ihrer Kaufkraft eingebüßt. Immer mehr Menschen verloren jegliche Orientierung, weil sie an der kleinsten Umrechnungsaktion, vom „Nullentick" verfolgt, scheiterten. Firmen und Betriebe sahen keinerlei Kalkulationsgrundlage mehr für ordnungsgemäße Geschäftsabläufe. Eine private Tauschwirtschaft entstand, und wer immer dazu in der Lage war, nutzte für seine Geschäfte stabile Fremdwährungen.

Ab August 1923 wuchs sich die Hochinflation täglich, ja stündlich zu einer jegliche Vorstellung sprengenden Hyperinflation aus. Längst war die Reichsbank nicht mehr in der Lage, den Zahlungsmittelbedarf auch nur ansatzweise zu decken, obwohl inzwischen über 130 Druckereien Tag und Nacht in ihrem Auftrag Geld druckten. Viele Betriebe, sofern sie technisch dazu die Möglichkeiten hatten, waren schon dazu übergegangen, ihre Arbeiter mit selbst hergestelltem Geld zu entlohnen.

Ein Spiegelbild dessen findet sich auch in den immer verzweifelter anmutenden Geldemissionen Freiburgs. In der ersten Augusthälfte 1923 gab die Stadt zwei weitere Notgeldscheine aus, einen 500.000-Mark- und einen 1-Million-Mark-Schein. Wieder zeigten beide auf der B-Seite jeweils ein Motiv aus der Stadtgeschichte: der 500.000-Mark-Schein (14,3 x 8,2 cm) einen aus einem Kupferstich entnommenen Ausschnitt von „Freyburg im Brisgow um 1700" mit der noch intakten Vaubanschen Befestigung, der 1-Million-Mark-Schein (13 x 10 cm) eine Stadtansicht aus nördlicher Richtung nach einer Zeichnung von Paul H. Hübner, dem Restaurator und Konservator der Städtischen Sammlungen. Am 14. August 1923 gab die Stadtverwaltung dazu bekannt: „Die Herstellung der neuen 500.000 Mk. Scheine ist soweit vorangeschritten, dass morgen Mittag 25.000.000.000 Mark fertig sind und ausgegeben werden können." Inzwischen hatte sich jedoch allein der Bedarf der größten zwölf örtlichen Banken und Betriebe wie der Firmen Himmelsbach und MEZ auf das Doppelte, nämlich zusammen 47.000.000.000 Mark, aufsummiert. Es sollten die letzten Scheine der Hyperinflationsperiode sein, die noch mit Stadtansichten als Schmuckmotiv aufwarteten. Vergleicht man sie miteinander, so fällt auf, dass das Bild der vertrauten, einen Rest von Sicherheit vermittelnden heimeligen Stadtsilhouette von Schein zu Schein immer blasser und unschärfer wird und in der Ferne verschwimmt.

B-Seite des 1.000.000-Mark-Scheins aus Freiburg, ausgegeben am 8. August 1923.

Doch noch dauerte der Albtraum der Hyperinflation an. Wenige Tage später, am 23. Oktober 1923, musste sich Oberbürgermeister Bender in einem Eil-Telegramm an den Innenminister wenden: „Erbitte Genehmigung zur Notgeldausgabe in Scheinen bis 50 Milliarden einstweilen 1.000 Billionen.“ Das Ergebnis waren jetzt in aller Hast hergestellte Nominalwerte von 10, 20 und 50 Milliarden Mark, bei denen kein Schmuckmotiv mehr zum Einsatz kam und die Rückseite gar nicht erst bedruckt wurde. „Die Volkswacht“ schrieb dazu: „Die Stadt hat keinen Nutzen von diesem Notgeld. Es dient lediglich dem Verkehr. In den letzten Tagen hatte die Stadt

A-Seite des Freiburger 10-Milliarden-Scheins (Rückseite unbedruckt) vom 23. Oktober 1923.

große Schwierigkeiten bezüglich der Auszahlung von Löhnen, Gehältern Arbeitslosenunterstützungen usw. Der Geldbedarf der Stadt ist in der letzten Zeit ungeheuer gewachsen. Das städtische Fürsorgeamt benötigte diese Woche Tag für Tag 5 Billionen Mark. In dieser Summe allein schon kommt die ungeheure Verarmung des größten Teils der städtischen Bevölkerung zum Ausdruck."

Zur Ausgabe von Billionen-Mark-Nominalwerten, wie schon vielfach andernorts in Krefeld, kam es in Freiburg nicht mehr. Ohnehin emittierte in der letzten Phase der Inflation die Reichsbahn inzwischen weit mehr Geld als die Reichsbank selbst, und dass die Rückseite dieser Scheine noch bedruckt wurde, war nur noch selten der Fall. Demgegenüber fielen immer wieder von den Städten ausgegebene Scheine auf, die bis in die letzten Wochen der Hyperinflation hinein und trotz der tagtäglich schneller werdenden Emissionsspirale mit politischen Botschaften weiterhin nicht hinter dem Berg hielten. Beispielhaft mag dies ein weiterhin auf Seide gedruckter 10.000-Mark-Schein aus Bielefeld aus der Zeit der Ruhrbesetzung mit einer geradezu herausgeschrienen Anklage gegen Frankreich zeigen: „Im Ruhrkampf gegen Poincaré hilft nur des Deutschen tête carrée" (Dickkopf).

Ende November 1923 schließlich konnte die Hyperinflation beim Endstand von 4,2 Billionen Papiermark = 1 Dollar gestoppt und mit Einführung der Rentenmark eine stabile Währungsepoche eingeleitet werden.

Dass eine Inflation die Schuldner ebenso massiv begünstigt wie sie die Gläubiger benachteiligt, ist in der Forschung unbestritten. Gerade für eine Stadt wie Freiburg mit einem hohen Anteil an einstmals wohlhabenden Rentnern, die zuvor von ihren Vermögenserträgnissen hatten gut leben können, war diese in der Geschichte beispiellose Kapitalvernichtung verheerend. Die Entscheidungsträger in der Politik freilich, die sich durch die Finanzfachleute der Großindustrie beraten ließen, scherte das wenig: „Der völlige Ruin der deutschen Währung sollte den Reparationszahlungen ein Ende machen. Geld ist bedrucktes Papier; dadurch, dass Geld seinen Wert verliert, gehen keine wirklichen Werte verloren. Sie wechseln nur die Hände."

Das Urteil Golo Manns war schon von zeitgenössischen Finanzfachleuten bis ins Detail bestätigt worden. Der Justiziar der Deutschen Bergwerkszeitung, Dr. Apfelbaum, schrieb: „Die Geldverfälschung hat abgewirtschaftet ... Der Staat brauchte Mittel, um die Erfüllungspolitik durchzuführen und um – durch Verbilligungen, also mittelbar, oder durch Lohnzahlungen, also unmittelbar – die Differenz zwischen dem wahren Ertrag der stark gedrückten deutschen Arbeit und dem Verbrauch auszufüllen. Zweck der Inflation war, auf verschleiertem Wege diese Mittel zu gewinnen in einem Umfange, wie er auf offenem Wege wahrscheinlich niemals erreichbar gewesen wäre. Die mit der Inflation erreichte Enteignung der Mündelvermögen, der Witwen- und Waisengelder, des Rentnerbesitzes hätte in Form offener Gesetze wohl mehr Widerstand gefunden ... Zu allen Zeiten haben Regierungen, die aus einer Not keinen Ausweg wussten, oder die harten und unbeliebt machenden Auswege scheuten, zum Mittel der Geldverfälschung gegriffen, nur um über den Tag hinwegzukommen."

1,05 Mark Gold = 1/4 Dollar der Handelskammer Freiburg, Konstanz, Lahr, Schopfheim und Villingen (sogenanntes „wertbeständiges Notgeld"), ohne Ausgabedatum (ca. November 1923, Rückseite unbedruckt) und mit Unterschriften der Handelskammerpräsidenten.

Mit der Einführung der Rentenmark im November 1924 (4,2 Billionen Papiermark = Dollar) konnte die unkontrollierte Hyperinflation schließlich gestoppt werden. Die Abkürzung RM galt anschließend auch für die Reichsmark.

KAPITEL 13 Bilanz: Seriennotgeld oder „Was wirklich zählt"

Weder Literatur- noch Kunstgeschichte, weder Kulturanthropologie noch Zeitgeschichtsschreibung haben das Phänomen des deutschen Seriennotgelds bis heute wahr-, geschweige denn als Forschungsgegenstand schon ernst genommen. Sofern sein Quellenwert überhaupt bereits erkannt wurde, so geschah dies bislang nur in regional- und lokalhistorischen Studien.

Der Hauptgrund für diesen Missstand ist sicherlich darin zu suchen, dass es – selbst bei Fachwissenschaftlern, die sich für diesen Abschnitt der Zeitgeschichte zuständig fühlen – an Wissen darüber fehlt, was Seriennotgeld überhaupt ist. Ein zweiter Grund liegt sicherlich in der Komplexität und Unübersichtlichkeit des Materials selbst. Die nahezu unüberschaubar erscheinende Menge an Scheinen liefert eine verwirrende Vielfalt an Themen, Stilen und auch Absonderlichkeiten, die zuallererst danach verlangt, mithilfe eines Ordnungssystems aufgeschlüsselt und aufbereitet zu werden. Ein erster Versuch dazu wurde hier vorgelegt. Ein dritter Grund für die Nicht-Wahrnehmung ist wohl der Kleinformatigkeit des Materials geschuldet, die seiner Würdigung bis heute nicht günstig gewesen ist.

Berliner Notgeldsammler bei der Betrachtung ihrer Schätze 1913.

Hätte es vor 100 Jahren schon einen Wettbewerb „Deutschland. Land der Ideen" gegeben, das Notgeld – und insbesondere das Seriennotgeld – wäre ein Top-Kandidat für den ersten Preis gewesen. Als Zeitzeuge der desaströsen Nachkriegszustände dokumentiert es diese wie kaum eine andere zeitgenössische Quelle. Es zeigt, dass dieses Deutschland trotz des verlorenen Krieges unendlich reich an Geschichte und Geschichten, an Kultur und Kunst, an Idealen und Ideen, an Innovationen und Fleiß, an Energie, Durchhaltevermögen und Erfindungsreichtum war.

In seinem enzyklopädischen Charakter lädt es den Sammler und Betrachter zu einer Überlandreise durch dieses Land bis in seine abgelegensten Gebiete und Flecken hinein ein – als eine Art Volksbildungswerk für den kleinen Geldbeutel. Mit dieser Botschaft beschwört es das Gegenbild zu den mordlüsternen (deutschen) Hunnen herauf, als welche die Deutschen in der Propaganda des Feindes gern dargestellt wurden und die im Versailler Vertrag dann letztlich ihre „verdiente" Strafe bekommen hatten. Allein: Die offizielle Politik der frühen zwanziger Jahre konnte dieses Deutschlandbild nicht mehr glaubhaft nach außen und in die Welt vermitteln. Dazu waren die Wunden bei den ehemaligen Gegnern, die der Krieg vor allem in Frankreich und Polen geschlagen hatte, noch zu tief und frisch. Im Gegensatz dazu erzählt das Seriennotgeld geradezu überschäumend vom kulturell so reichen und guten, wenngleich jetzt wirtschaftlich am Boden liegenden Deutschland.

„... dass er mich nicht des Leichtsinns zeihe geb' ich das Geld auf Kriegsanleihe ..." Vom während des Ersten Weltkriegs überaus beliebten Grafiker Brynolf Wennerberg (1866–1950) gestaltete Propagandapostkarte zur Bewerbung von Kriegsanleihen (ca. 1917).

Im Grunde verfuhren die deutschen Städte und Gemeinden bei ihren Notgeldausgaben nicht anders als der Staat selbst: Sie drückten ihren Bürgern für ihr gutes „echtes" Geld ein Stück Papier in die Hand – eine Methode, die sie von ihm übernommen hatten. Der hatte seine Bürger durch seine papierenen Kriegsanleihen um 98 Milliarden Mark erleichtert und sie damit auf breiter Front in die Armut getrieben mit dem Versprechen, dass sich ihr Geld (nach dem gewonnenen Krieg) mit 5 % verzinse. Dies wurde in seriös daherkommenden „Wert"-Papieren feierlich dokumentiert.

Die Städte und Gemeinden haben mit ihrem Seriennotgeld solch hochtrabende Versprechungen nie gemacht. Unter dem Strich fällt der Seriositätsvergleich denn auch eindeutig zu ihren Gunsten aus: Am Ende wurden die Edel-Zertifikate über

In den Nachttopf mit dem Schandvertrag ... (B-Seite von Schein 2 einer 3er-Serie aus Neuhaldensleben). Dieser Schein hat sogar in Paris für Aufsehen gesorgt (nach Hans-Otto Eglau). Es dauerte nicht lange, bis die Haldensleber von höherer Stelle aufgefordert wurden, ihn aus dem Verkehr zu ziehen. Doch der reißende Absatz (110.000 Stück) gefiel ihnen so gut, dass sie das Ansinnen immer wieder zu verschleppen wussten.

die an den Staat eingezahlten Kriegsanleihen wie das Inflationsgeld des Jahres 1923 nur weggeworfen, das für wenige Pfennige erstandene, von Staat und Reichsbank erbittert bekämpfte und als unseriös gebrandmarkte Seriennotgeld dagegen blieb noch über viele Jahre hin als liebevoll versammelte Zettelpoesie in den Alben der Menschen kleben. Mit seinem symbolischen Mehrwert half es ihnen, sich wenigstens auf der psychologischen Ebene etwas Kompensation zu schaffen und eine ganz spezielle Erinnerungskultur zu begründen. Viel verloren haben sie bei dieser Investition jedenfalls nicht.

Anmerkungen

Kapitel 4: Geld in den Anfangstagen des Krieges: Klever (1980), S. 9; Prange (1921), S. 20; Quester (1989), S. 10

Kapitel 5: Das Kriegsgeld rüstet auf: Prange (1921), S. 49, S. 60

Kapitel 6: Vom Notgeld zum Seriennotgeld: Stadtarchiv Freiburg C3/781/1/4; Klever (1980), S. 25

Kapitel 7: Großnotgeld: Eglau (1999), S. 21; Stadtarchiv Freiburg C3/781/1/4

Kapitel 8: Seriennotgeld lernt Kasse zu machen: Keller (1975), S. 237; Prange (1921), S. 42; Prange (1922), S. 58

Kapitel 9: Seriennotgeld als Zeiterzählung: Prange (1921), S. 42

Exkurs 2: (Der deutsche Notgeldmichel: Zipfelmütze schlägt zurück): Prange (1922), S. 57

Exkurs 5: (Geldemissionen in der Provinz): Lütckens (1921), S. III, S. 28

Kapitel 11: Druckereien im Notgeldfieber: Wirthmann (2007), S. 29; Treseburg (1921), S. 142

Kapitel 12: Tricks bis zum Ende: Prange (1921) S. 43; Keller (1975), S. 239; Stadtarchiv Freiburg C4/VIII/8/10

Kapitel 13: Hoch- und Hyperinflationsgeld: Prange (1922), S. 92; Hemingway-Zitat nach Quester (1989), S. 14; Stadtarchiv Freiburg C4/VIII/8/10; Golo-Mann-Zitat nach Eglau (199), S. 61; Apfelbaum-Zitat nach Prange (1922), S. 41

Ausgewählte Literatur

Bubeck, Ingrid: Geldnot und Notgeld in Thüringen, Erfurt 2007

Deutsche Bundesbank (Hg.): Geld gestern und heute. Eine Dokumentation über Geldwesen und Währung in der Bundesrepublik (Geleitwort Karl Blessing), Graz, München, Wien 1968

Drei Jahre ‚Das Notgeld'. Zeitschrift für Notgeldkunde. Nachdruck aller Artikel und Abhandlungen von bleibendem Interesse und Wert aus den ersten drei Jahren, München 1922

Eglau, Hans Otto: Mehr Schein als Sein. Als die Mark Kapriolen schlug. Deutsches Notgeld 1914–1923, Düsseldorf o. J. (ca. 1999)

Grabowski, Hans-Ludwig: Das Papiergeld der deutschen Länder 1871–1948. Die Banknoten und Notgeldscheine der deutschen Länder, Provinzen und Bezirke, Regenstauf 2006

Hörisch, Jochen: Kopf oder Zahl. Die Poesie des Geldes, Frankfurt/M. 1998

Ilgen, Volker/Schindelbeck, Dirk: Jagd auf den Sarotti-Mohr. Von der Leidenschaft des Sammelns, Frankfurt/M. 1997

Jebsen, Nina: Als die Menschen gefragt wurden. Eine Propagandaanalyse zu Volksabstimmungen in Europa nach dem Ersten Weltkrieg, Münster 2015

Keller, Arnold: Das deutsche Notgeld, 1915–1922, Berlin 1922

Keller, Arnold: Das Deutsche Notgeld. Kleingeldscheine 1916–1922. IV. Teil. Serienscheine (neu bearbeitet von Albert Pick und Carl von Siemsen), München 1975

Klever, Eva & Ulrich: Notgeld, München 1980, 2. Aufl. 1988

Lütckens, Hermann: Notgeld-Poesie. Deutsche Dichtung im Notgeld in Wort und Bild, mit erschöpfenden Erläuterungen an Hand amtlichen Materials, Köln 1921

Mehl, Manfred: Das Papiernotgeld von Mecklenburg und Vorpommern 1914–1923, Berlin 1972

Mehl, Manfred: Das Papiernotgeld von Ostpreußen, Westpreußen und Posen 1914–1923, Berlin 1975

Menzel, Peter: Deutschsprachige Notmünzen und Geldersatzmarken im In- und Ausland 1840 bis 2002, 1. digitale Ausgabe, Berlin 2014

Moeller, Ingrid: Das mecklenburgische Reutergeld von 1921. Ein kulturgeschichtliches Kuriosum, Schwerin 1993

Notgeld-Börse. Emergency-Money. Internationale Wochenschrift für Notgeldsammler und -Händler, 1921 ff.

Notgeld-Markt. Zeitschrift für Notgeld-Sammler, Eisenberg 1921 ff.

Pick, Albert: Papiergeld. Ein Handbuch für Sammler und Liebhaber, Braunschweig 1967

Pick, Albert/Siemsen, Carl: Das deutsche Notgeld. Kleingeldscheine 1916–1922. IV. Teil: Serienscheine. Zusammengestellt von Arnold Keller (Neubearb.), München 1975

Pick, Albert/Rixen, J.-U.: Papiergeld Spezialkatalog, Regenstauf 1998

Prange, Gustav: Das deutsche Kriegsnotgeld 1914–1918. Eine kulturgeschichtliche Beschreibung, 2 Bd., Görlitz 1921 und 1922

Quester, Heinz: Das Spiegelbild des Staates in seinem Geldwesen, Lahr 1989

Rittmann, Herbert: Deutsche Geldgeschichte seit 1914, München 1986

Schindelbeck, Dirk: Wenn Scheine Geschichten erzählen. Das Seriennotgeld der Jahre 1921/22, in: Damals. Das Magazin für Geschichte, 4/2017, S. 72–76

Schindelbeck, Dirk: Seriennotgeld, Teil 1 und 2, in: Trödler, Heft 10 und 11/2018, S. 14–19 und S. 76–81

Schittny, Hans Richard: Sagen, Märchen und Historisches im Spiegel des Kriegs-Notgeldes 1917 bis 1923, Norderstedt 2005

Schmölders, Günter: Psychologie des Geldes, Hamburg 1966

Schramm, Albert: Deutsches Notgeld 1914–19, Leipzig 1918

Schumpeter, Joseph: Das Wesen des Geldes, Berlin 1990 (posthum)

Simmel, Georg: Philosophie des Geldes, Frankfurt/M. 1989

Trapp, Wolfgang: Kleines Handbuch der Münzkunde und des Geldwesens in Deutschland, Stuttgart 1999

Treseburg, H. (Hg.): Poesie auf Notgeld. Spruchscheine im Deutschen Notgelde, Braunschweig 1921

Weimar, Wolfram: Geschichte des Geldes: Eine Chronik mit Texten und Bildern, Frankfurt/M. 1992

Wirthmann, Hans Joachim: Notgeldscheine von Heinz Schiestl, Lohr 2007

Darüber hinaus liegt eine große Zahl von Lokalstudien vor, die aus Platzgründen hier nicht angeführt werden können.

Abbildungsnachweise

Falls nicht anders ausgewiesen, stammen die Abbildungen aus dem kwaf (Kultur- und werbegeschichtliches Archiv Freiburg) des Autors.

S. 9: Rainer Gries: Die Mark der DDR. Eine Kommunikationsgeschichte der sozialistischen deutschen Währung, Erfurt 2003, S. 54 | S. 12 u.: Wikipedia (gemeinfrei), Imperial War Museum London | S. 23 o.: Geldmuseum der Deutschen Bundesbank, abgebildet bei Heinz Quester: Das Spiegelbild des Staates in seinem Geldwesen, Freiburg 1990, S. 41 | S. 24: Lüttke: Valuta und Weltwährung. Betrachtungen zur Wiederaufrichtung unserer Geldwirtschaft, Berlin 1920, S. 32 | S. 46: Lisa Riedel/Werner Hirte (Hg.): Die schöne Kartenlegerin. Kurzweil auf Neuruppiner Bilderbogen, Berlin (Ost) 1984, S. 10 | S. 89: Wilhelm Busch: Die gestörte und wiedergefundene Nachtruhe (1862), in: Wilhelm Busch. Sämtliche Bilderbogen, Frankfurt a. M. 1983, S. 146 | S. 127: Ingrid Möller: Das Reutergeld von Mecklenburg-Vorpommern. Ein kulturgeschichtliches Kuriosum, Schwerin 1993, S. 10 | S. 130 o.: Hans-Joachim Wirthmann: Notgeldscheine von Heinz Schiestl, Lohr 2007, S. 5 | S. 131 u.: Alfred Hanf, ein Erfurter Künstlerleben, Langensalza 2010 | S. 132: Georg Kötschau. Mein Leben. o. J. Stadtmuseum Jena | S. 134 l.: Österreichische Nationalbibliothek Wien | S. 138: Arnold Keller/Kurt Lehrke: Deutsche Wertpapierwasserzeichen, Berlin 1955 | S. 155: Augustinermuseum Freiburg | S. 162: BPK Kunstbibliothek_SMB_Willy_Roemer

Zum Autor

DIRK SCHINDELBECK

geboren 1952 in Unna (Westfalen), Dr. phil., studierte Germanistik, Geschichte und Philosophie an der Albert-Ludwigs-Universität Freiburg; Kulturwissenschaftler, Werbehistoriker und Wissenschaftspublizist, Essayist und Lyriker; von 1992 bis 1997 DFG-Projekt „Propagandageschichte der beiden deutschen Staaten im Vergleich zwischen 1948/49 bis 1971", zuletzt im BMBF-Projektverbund Hamburg – Jena – Wien „PolitCiGs. Die Kulturen der Zigaretten und die Kulturen des Politischen" (2013–2016); Chefredakteur von Forum Schulstiftung (2003–2013) und Dozent an der PH-Freiburg (2002–2013); seit 2016 freier Wissenschaftspublizist, schreibt u. a. für „Damals. Das Magazin für Geschichte."
Zahlreiche Veröffentlichungen zur Kultur- und Kommunikationsgeschichte, u. a.: Marken, Moden und Kampagnen. Illustrierte deutsche Konsumgeschichte, Darmstadt 2003; Am Anfang war die Litfaßsäule. Illustrierte deutsche Reklamegeschichte, Darmstadt 2006; Der aus Reklame Werbung machte, Johannes Weidenmüller. Werbewissenschaftler und Agenturgründer, Berlin 2016; „Das wirst du nicht los, das verfolgt Dich ein Leben lang". Die Geschichte des Waisenhauses in Freiburg-Günterstal, Freiburg 2013; Tropfenfänger und kreisende Kolben. Deutsche Marken-Sonette 2.0.15, Freiburg 2015.

Mehr unter www.dirk-schindelbeck.de